MATRIMONIO
DE 24 HORAS
Para matrimonios felices o en crisis

Salvador Molina

MATRIMONIO
DE 24 HORAS
Para matrimonios felices o en crisis

www.salvadormolina.com

Matrimonio de 24 horas
Copyright © 2016
Publicado por: Ministerios Shalom Adonai
Panorama City, California E.U.A.

Primera Edición en Julio de 2016
ISBN - 13: 978-0692748350
ISBN - 10: 0692748350

Printed in United States of América 2016
Impreso en los Estados Unidos de América

Este libro fue publicado originalmente con el título de "Matrimonio de 24 horas".
Copyright ©2016 Por: Salvador Molina,
en Los Ángeles California E.U.A.

Todos los derechos reservados. Ninguna parte de este libro puede reproducirse de ninguna forma ni por ningún medio, ni gráfico, ni mecánico incluyendo fotocopiado, grabación discográfica o en cinta magnética, o sistema de almacenamiento, sin la previa autorización por escrita del autor y Los Ministerios "Shalom Adonai".

A menos que se indique lo contrario, todas las citas bíblicas fueron tomadas de la Versión Reina Valera, revisión de 1960. ©1960 Sociedades Bíblicas Unidas.

Portada: Salvador Molina
www.salvadormolina.com

Agradecimiento especial

Un agradecimiento especial para mi amada esposa Mayra Berenice Molina

I love you...

"Ponme como un sello sobre tu corazón, como una marca sobre tu brazo; Porque fuerte es como la muerte el amor; Duros como el Seol los celos; Sus brasas, brasas de fuego, fuerte llama".   Cantares 8: 6

Índice

Introducción 11

Capítulo 1
Preparándonos para el matrimonio 15

Capítulo 2
Las diferencias en el matrimonio 25

Capítulo 3
Incompatibilidad sexual 35

Capítulo 4
El placer sexual 43

Capítulo 5
La virginidad 55

Capítulo 6
No os neguéis 65

Capítulo 7
El orgasmo 73

Capítulo 8
Una sola carne 81

Capítulo 9
El adulterio 95

Capítulo 10
Un pequeño reino 109

Capítulo 11
Diez razones para tener una vida sexual activa ... 123

Epílogo 139

 **Introducción**

El matrimonio... ¿a cuántos les asusta esa palabra? ¡Cuántas personas pasan años y años pensando en casarse o no casarse! Hay personas que anhelan casarse, pero ¿por qué se quieren casar? ¿Acaso todos aquellos que están casados son felices? Una pregunta fundamental es: ¿Quiénes desean casarse están seguros de lo que quieren hacer?

Durante mis años como consejero matrimonial he escuchado innumerables razones por las cuales una persona desea casarse... Unos quieren hacerlo para tener quien les cocine, les lave la ropa, les ayude a establecerse como personas dentro de la sociedad; es decir, quieren tener una pareja de apoyo pero no un verdadero esposo o esposa. Otros, ni se sonrojan al decir que lo hacen solo por los "papeles" para vivir legalmente en Estados Unidos.

Pero, cuando Dios estableció el matrimonio en ningún momento pensó en esas razones, más bien en su corazón estaba el deseo de que ambos cónyuges fueran felices. Así, Génesis 2:18 dice que Dios vio que no era bueno que el hombre estuviera solo y por eso le dio una ayuda idónea.

Recuerda también lo que dice Adán en Génesis 3: 12, *"la mujer que me diste".* Y tenía razón, Dios se la dio, pero eso no excusa su descuido. Menos podemos hoy en día sustraernos de la responsabilidad, pues somos nosotros quienes elegimos pareja y casi siempre sin pedirle la dirección a Dios. Esta, sin lugar a dudas, es la principal razón por la que muchos matrimonios están pagando con amargura las consecuencias.

Pues bien, con este libro, querido lector, no pretendo cambiar completamente tu vida, tu matrimonio o tu estabilidad familiar. Eso solamente tú lo puedes hacer, y si buscas excusas no las encontrarás en estas páginas. Pero estoy seguro que treinta años de matrimonio me dan un poquito de autoridad para presentarte algunos pormenores y experiencias que te pueden ayudar para hacer que tu matrimonio sea feliz y perdurable, hasta que la muerte los separe, dice la biblia... ¿Cómo lograr llegar hasta ahí?

La moda actual es que los matrimonios duren solo unos meses o, lo mucho, un par de años. Ya no se escucha decir tenemos diez, veinte o treinta años de casados. Es más, quienes hoy le temen lo hacen más por la incertidumbre de cuánto durará con su pareja que por las responsabilidades que el matrimonio demanda. Al respecto, alguien dijo que es mejor comprar una casa porque la casa se paga en treinta años y el matrimonio es para toda la vida. Se olvida que el matrimonio fue establecido por Dios y ha sido aprobado por la sociedad. Es un factor que hace de la nación con matrimonios establecidos una nación fuerte y poderosa.

Introducción

Ante esta realidad, quiero proponerle al lector que tenga un matrimonio completamente feliz únicamente de solo 24 horas. Para ello, en este libro estableceremos algunos conceptos y aspectos varios del matrimonio que le ayudarán a formar no solamente un matrimonio, sino a establecer una familia y un hogar lleno de paz, bendición y mucha felicidad.

Durante años he asistido a muchas conferencias matrimoniales cristianas y siempre es lo mismo: el orador dice algo pero no lo aclara. Por ejemplo, no se expresa claramente sobre la relación sexual, un tema que todavía es un tabú dentro de la iglesia y, por qué no decirlo, dentro del cristianismo. Hablar de sexo como que nos da miedo, como que nos da vergüenza; pero tendría que ser lo contrario, ya que la misma Biblia nos autoriza y habla de sexo. El incesto de Lot y sus hijas, el trio amoroso de Abraham, Sara y su criada o el adulterio de David, son algunos acontecimientos relacionados con este tema que relata la Biblia.

El sexo no fue creado por el diablo ni creado por el hombre, el sexo fue creado por Dios para que usted disfrute de él. Dios te ha dado libertad para que disfrutes la vida sexual, pero alguien te dice que no puedes hacer esto o lo otro y cuando lo hacemos, aunque es completamente natural y permitido, nos sentimos sucios delante de la presencia de Dios. Como resultado, nuestra ignorancia sobre el tema nos lleva a cometer errores garrafales y no se puede negar que gran parte de culpa la tiene la iglesia, al usar una doble moral sobre el tema, y nos roba la libertad de poder adorar a Dios plenamente.

Para cerrar esta presentación, quiero expresar que este libro nace de la conferencia "No se dice pero se hace". El texto se sustenta en la vida misma y en un dichoso matrimonio que dura ya 29 años... Es lo que llevamos de casados con mi esposa Mayra, enfrentando dificultades y circunstancias adversas que, con ayuda de nuestro Dios, hemos podido vencer... Espero que al final de leer este libro puedas darte cuenta que si se pueden tener matrimonios de 24 horas que perduren para siempre.

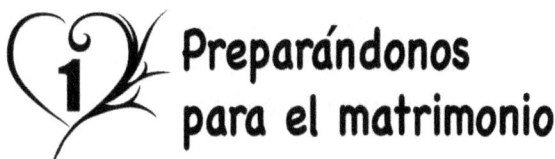
Preparándonos para el matrimonio

¿Por qué prepararnos para el matrimonio? Posiblemente alguien que esté leyendo este libro crea que para él o ella es demasiado tarde, puesto que ya está casado y ha llegado a concluir que la elección que tomó no fue la correcta. ¿Es cierto que es tarde?

El matrimonio no trae un manual como lo trae un aparato electrodoméstico que nos explique cómo utilizarlo y por cuánto tiempo es la garantía. En el matrimonio cada uno de los cónyuges tiene que aportar cada día para hacer mágicas las palabras "hasta que la muerte los separe".

Entonces, ¿por qué hablar de un matrimonio de solo 24 horas? ¿No es hasta que la muerte los separe?

Tenía unos 10 años de edad cuando acompañaba a mi padre a sus reuniones de los Alcohólicos Anónimos, AA. Mi padre tomó por muchos años pero pudo darnos un ejemplo de hogar con muchas cualidades, experiencia que comentaré en otro capítulo. El asunto es que en aquellas reuniones de los Alcohólicos Anónimos escuché con frecuencia una orientación que ha sido de mucha ayuda en mi vida tanto secular como espiritual; y es que ellos se proponían a pasar, no diez, no veinte ni siquiera un año sin tomar, solo se proponían 24 horas sin probar una gota de alcohol. Posteriormente, ya casado, he puesto en práctica ese proceso dentro de mi matrimonio y sus resultados han sido excelentes, a tal grado que estoy a punto de cumplir treinta años de matrimonio.

Sin duda alguna, el milagro más grande que Dios me regaló después de la salvación es darme un matrimonio, una familia. Digo esto porque cuando formé parte de la guerrilla salvadoreña aprendí que no podíamos formar una familia, o más exactamente, que no debíamos formarla porque nuestras vidas estaban ligadas tan cerca a la muerte que de un momento a otro podíamos morir y dejaríamos en el desamparo a mujer e hijos. Así que no convenía enamorarse o pensar en tener un matrimonio.

Antes de llegar al cristianismo tuve como muchos algunas relaciones, pero siempre pensando que esa relación era un pasatiempo; nunca estuvo en mi mente formar una familia a plenitud y ni pensaba que un día —como lo hago hoy— bendeciría el nombre de nuestro Dios porque estableció la familia para que esta fuera la base fundamental de una nación.

Pero, luego cambió mi perspectiva y me casé... Después de casi treinta años, me hago una pregunta que estoy seguro se hacen muchos: ¿cómo puedo prepararme para el matrimonio? Te daré cuatro recomendaciones para que las pongas en práctica. No veas estas recomendaciones como palabras mágicas ya que no lo son, pero eso sí, te ayudarán a tomar acciones más acertadas antes de tomar la decisión de casarte.

Ahorre

Lamentablemente dentro de nuestra cultura se nos habla de ahorrar pero no se nos enseña cómo hacerlo. De tal manera que frecuentemente vivimos, como se dice en mi país, "coyol quebrado coyol comido". Con una realidad así, no podemos caminar en la vida hacia el desarrollo personal, espiritual y económico.

Esa verdad la comprendí luego de casado. Resulta que yo no había ahorrado cuando me casé con mi esposa, a pesar que mi pastor ya me había aconsejado. No había un niño por nacer como en tantos casos, pero por razones de carácter familiar ajenas a nuestros propósitos nos casamos con bastante prisa.

Recuerdo que me encontraba en mi trabajo cuando el jefe me sugirió que me fuera temprano porque el movimiento en el restaurante estaba lento. Mientras me quitaba el uniforme pensé: "bueno, por qué no llamo a mi novia y le pido que se case conmigo? La llamé y para mi sorpresa me dijo que ¡sí! Pase por ella y nos fuimos en autobús para la corte de Los

Ángeles y allí, los dos solamente, un 14 de febrero de 1988 nos juramos amor eterno hasta que la muerte nos separe. ¡Bendigo a Dios por la esposa que me dio! Desde que nos casamos, cuando ella tenía apenas 18 años, ha sido y sigue siendo mi principal apoyo, tanto como esposa como en el ministerio. Al principio tuvimos que pedir a una familia que nos rentara una habitación, pues decidí no ir a vivir con la familia de ella (más adelante explicaré por qué)... La verdad es que yo debí procurarme la solvencia económica para poder darle a ella una estabilidad dentro de un hogar.

No tuvimos un pastel ni una fiesta. Lo único que guardamos hasta el día de hoy es un par de fotos que en aquel momento se conocían como fotos de minuto. No tuvimos testigos más que nuestro Señor Jesucristo, y que mejor testigo de mi verdadero amor por la mujer más bella sobre la tierra.

Pero la verdad es que la mayoría de personas quieren, muchas veces por apariencia, hacer una gran boda, con todo lo habido y por haber, quieren dar la mejor comida, tener el pastel más grande, el vestido más lujoso, una gran cantidad de acompañantes y de invitados. Si usted es una de esas personas, entonces... ¡Ahorre!

Y cuando usted determine contraer matrimonio, debe de entender que ese compromiso trae sus responsabilidades; entre ellas, tener un lugar donde vivir, las condiciones necesarias para los hijos que vendrán, ya sea que lleguen pronto o no. Son necesidades aún más importantes que la fiesta de bodas y es necesario que se prepare para ellas... ¡Ahorrando!

En mi caso, pasaron 10 años para que mi esposa tuviera su boda soñada, humilde pero muy hermosa, y, gracias a Dios, no cometimos el error que me lleva al siguiente punto.

No tome dinero prestado

El apóstol Pablo nos aconseja en Romanos 13:8 que no le debamos nada a nadie. Es una gran enseñanza pero no podemos ser tan radicales en este tema. ¿Quién no ha tenido necesidad en algún momento y ha tenido que recurrir a un amigo para pedirle un préstamo? Es cierto que muchas veces nos encontramos "hermanitos" que nunca pagan, y nos hacen pensar que es mejor tener enemigos sin pagar que pagar por tener enemigos.

Pero bien, cuál es el primer problema que enfrentan las parejas que piden dinero prestado para cubrir los compromisos de su boda... ¡No disfrutan su matrimonio! Las deudas convierten su luna de miel en luna de hiel.

Su relación íntima desde un comienzo experimenta quebrantos porque su mente no está en complacer a su pareja sino en cómo pagar el dinero que deben. Y es que durante la fiesta todo es alegría pero después hay que enfrentar la realidad. Seguramente se verán obligados a trabajar horas extras para poder pagar, y eso los llevará a descuidar su hogar y su responsabilidad sexual.

Sea Independiente

Para muchos es conocido el refrán que dice "el casado casa quiere". Desde el principio de la creación se nos ha aconsejado esto, Génesis 2: 24 dice: *"Por tanto, dejará el hombre a su padre y a su madre, y se unirá a su mujer, y serán una sola carne".* Esto mismo aconseja Pablo en el libro de Efesios.

Cuando nos casamos es mejor vivir en un cuartito humilde pero independientes. La persona que en verdad lo ama a uno no pide comodidad ni lujos; más bien, ayuda a su pareja para cumplir los sueños que como matrimonio tienen.

El matrimonio tarde o temprano enfrentará algunos quebrantamientos y es mejor que la pareja viva sola. Es cierto que hay un mito sobre las suegras, pero es sólo eso, un mito. Yo amé profundamente a mi suegra. Pero también es cierto que si un matrimonio vive con la familia de uno de ellos, ya sea del esposo o de la esposa, en aquellos momentos de quebrantamiento apoyarán a su familiar esté en lo correcto o no. Además, que el matrimonio enfrente con independencia su propia problemática, hace que la pareja se una más y se fortalezca. Yo creo que el matrimonio es de dos y si tenemos que invitar a una tercera persona, solamente puede ser Jesucristo.

Hay otras circunstancias que nos pueden hacer dudar de esta verdad. Conozco el caso de una pareja de jóvenes que llegó a mi oficina. Tenían la intención de casarse y de formar su hogar. La familia de la muchacha no se oponía al matrimonio, pero ponía la condición de que se fueran a vivir con ellos, y la familia la ponía entre la espada y la pared, como se dice, citando la Biblia misma para que le hiciera caso.

El versículo que le citaba era Efesios 6:1: *"Hijos obedeced en el Señor a vuestros padres, porque esto es justo".*

Quienes hemos estudiado las sagradas escrituras sabemos que el versículo, en esta ocasión, está sacado de contexto, pero de igual forma le pregunte a la joven, ¿qué libro fue escrito primero, Génesis o Efesios? Correctamente contesto que Génesis... Quiero decir, sin quitar mérito a la gran bendición que encierra el hermoso mandamiento de Efesios, que Dios mando que el hombre dejaría a su padre y a su madre para que ellos fueran una sola carne.

No compre televisión

Se cuenta que alguien, hablándole a la mujer le dijo: "¿Quieres volver loco a tu esposo en la cama?... ¡Escóndele el control del televisor!"

Con mi esposa conocimos una pareja que, por razones ajenas a su voluntad, después de su boda tuvieron que quedarse en la ciudad donde radicaban y se habían casado. Para que no fuera una noche común y corriente reservaron una habitación de hotel por dos noches. Al día siguiente, con un poco de vergüenza pues lo que menos yo quisiera en plena luna de miel es desayunar, los fuimos a buscar para disfrutar el desayuno juntos. Cuando llegamos había en la cara de él mucha satisfacción, no así en la esposa. Nos quedamos helados pero comprendimos qué había sucedido cuando él dijo: "No lo van a creer, 140 canales agarra el televisor del hotel".

No había pasado absolutamente nada con esta pareja en lo que a intimidad se refiere. Él pasó toda la noche viendo televisión y buscando programación en cada uno de los 140 canales.

La televisión, puede ser causa de frustración matrimonial. Y si bien hoy en día es muy difícil prescindir de la televisión en el hogar; el matrimonio puede evitar, por lo menos, que esté en el dormitorio. El tiempo para su pareja es de ella, no del aparato de televisión; no permita que la televisión le quite la hora de ir a la cama con su esposa o su esposo.

Para situaciones como esa habla Deuteronomio 24:5...

"Cuando alguno fuere recién casado, no saldrá a la guerra, ni en ninguna cosa se le ocupará, libre estará en su casa por un año para alegrar a la mujer que tomó".

En nuestros días, el trabajo, las relaciones públicas y la televisión son como una guerra que atenta contra el matrimonio. Es difícil evitar la TV pero debemos asumir que es nuestro deber satisfacer a nuestra pareja, cumpliéndole sexualmente y tomando en cuenta las diferencias entre ella y él en esa área.

2. Las diferencias en el matrimonio

Sin duda alguna en esta vida no somos iguales. Hay pobres y ricos, altos y bajitos, morenos y claritos, en fin los seres humanos no somos iguales. Y en el matrimonio, que es una fase de la vida, también existen diferencias de las cuales tenemos que estar muy pendientes si queremos encontrar a la persona con la cual hemos pensado compartir el resto de nuestras vidas. Si cuando vamos al supermercado nos fijamos muy bien en qué vamos a comprar y escogemos con mucho cuidado nuestros productos, mucho más cuidado debemos tener para elegir la persona con la cual nos casaremos.

Sucede con frecuencia que conocemos personas de las cuales nos enamoramos y creemos que es la persona ideal para nosotros. Aunque alguien diga o demuestre lo contrario, uno persiste en su error de creer que aquel hombre o mujer es la persona ideal, hasta que meses después pasa algo y en un momento comprendemos que estábamos equivocados.

¿Cómo saber entonces con quien casarme? Bueno uno de mis consejos es que para comenzar no le pida su esposa a

Dios... Permítame, no me condene todavía, le explicaré porque le digo esto. He escuchado a muchos hombres gritar "esta es la mujer que Dios me dio". ¿Es cierto eso? ¿Acaso no es la mujer con la que usted deliberadamente se quiso casar?

Asuma su responsabilidad y sea cuidadoso cuando decida contraer matrimonio. Un cuerpo hermoso y una oferta atractiva pueden llevar a cometer un error. Digo esto por experiencia. Aún era soltero y estaba predicando una campaña en Salinas, California. El tercer día, al terminar de predicar, se me acercó una joven muy hermosa y me dijo: "Hermano Molina, anoche Dios me habló y me dijo que usted se casaría conmigo". Según ella, Dios me quería llevar por diferentes partes del mundo a predicar su palabra y como yo en ese entonces no tenía papeles legales para residir en Estados Unidos, ella como ciudadana norteamericana me los daría por medio del matrimonio.

Cuando vi su rostro y su cuerpo, a la vez que valoraba su oferta de legalizarme, me dije, "aunque Dios no te haya hablado yo me caso contigo"... Pero no lo hice, porque comprendí que aquella no era la forma correcta con la que Dios actúa para cumplir su voluntad.

¿Cómo saber entonces con quién he de casarme? Analizaremos algunas sugerencias que pueden ayudarnos a tomar esta importante decisión.

La Nacionalidad

Este punto, aunque válido para cualquiera en cualquier parte del mundo, es particularmente importante para quienes viven en los Estados Unidos; un país donde conviven personas con una increíble diversidad de culturas y diferentes estilos de vida.

Recuerdo que cuando oraba a Dios para que me dirigiera para encontrar a quien sería mi esposa, le pedía que no fuera Mexicana... No, no se trata de discriminación, en ningún momento. Las mujeres mexicanas son muy hermosas, pero el punto principal es que los mexicanos comen mucho chile y a mí me hace daño, me muero si como chile. Así que pensé que por las costumbres determinadas por su nacionalidad una esposa mexicana no era la adecuada para mí. Es probable que al paso del tiempo, como le sucede a muchos, ya casados y con hijos hubiéramos descubierto que cometimos un error.

Pero hay otros problemas que puede tener un matrimonio con miembros de diferentes nacionalidades. En mi oficina me han visitado muchas parejas de este tipo con un problema aparentemente sencillo pero capaz de romper un matrimonio: se quejan uno del otro porque cada quien quiere pasar la navidad en su respectivo país de origen.

Otras situaciones problemáticas son las deportaciones y los divorcios (que aunque no queramos aceptarlo se dan en los matrimonios cristianos). Ambos constituyen una separación y el dilema es con quién se quedan los hijos y en qué país residirán. Para un matrimonio entre personas de diferente nacionalidad este dilema puede llevar al fracaso de la relación.

Sin pretender convertir mi experiencia en un consejo infalible, quiero decir que mi matrimonio con una mujer salvadoreña ha sido una bendición. Me permite soñar que cuando los dos estemos en una edad en la cual ya no podamos trabajar, y si Dios lo permite, estaremos juntos en nuestra tierra descansando junto a una playa, quizás paladeando unos refrescantes cocos en una mecedora o una hamaca. Y lo creo posible porque nuestra nacionalidad es la misma.

Lo dicho es lo mejor para un matrimonio. Sin embargo, que cada uno de los cónyuges sea de nacionalidad distinta no vence a todas las parejas. De hecho, hay matrimonios de distintas nacionalidades que son ejemplo de matrimonios sólidos y bendecidos. Así que, si usted después de meditar seriamente cree que el tener una nacionalidad diferente a la de su pareja no es problema, le deseo mucha felicidad en su matrimonio.

La Cultura

Aquellos que vivimos en esta gran nación como los Estados Unidos de Norteamérica, no podemos negar que estamos rodeados de tantas culturas diferentes que en una

Las diferencias en el matrimonio

pequeña ciudad tenemos la mitad del mundo juntos, unos comen pupusas, otros tacos, otros baleadas, pizza, sushi..., en fin, es increíble cómo puede uno encontrar de todo. Por eso es sumamente importante también, para encontrar la pareja adecuada, valorar cuál es nuestra cultura.

Un ejemplo, basado en el caso de la cultura culinaria de los mexicanos a la que me referí antes, es el de un matrimonio entre una mexicana y un salvadoreño. Todo fue bien al principio, todo era muy lindo, pero después vinieron los problemas con respecto a la comida, él no comía chile y ella sí y lo que parece un asunto sin mayor importancia se convirtió en un serio problema para la sobrevivencia del matrimonio.

Otro hermano se casó con una norteamericana. Como muchos sabemos, la cultura norteamericana en cuanto a sexualidad es más liberal e igual es con respecto a la educación de los hijos. Esta diferencia fue una tragedia para el esposo y terminaron separándose, con el agravante que a sus hijos se los quitó el Estado.

Tan importante es la cuestión de la cultura, referida incluso al contacto físico, que el apóstol Pablo en su carta a los Romanos, aconseja, les pide a los hermanos que se saluden con un beso de Ósculo Santo (un beso en la mejilla).

A propósito y para ilustrar esta conflictividad cultural, me sirvo de una experiencia personal. Una noche invité a un pastor argentino amigo mío para predicar en mi iglesia. Cuando le entregué el tiempo para predicar, me abrazó y me dio dos besos, uno en cada mejilla, como es costumbre cultural de ellos. En respuesta y por cortesía, también le di dos besos en las mejillas... Los hermanos presentes en la iglesia se quedaron sorprendidos, hasta hicieron comentarios inapropiados por un gesto que la misma biblia demanda que se practique.

Un punto que ilustra también los problemas que pueden causar las diferencias culturales, es la costumbre salvadoreña, y la mayoría centroamericana, de tomarle fotos a nuestro niños chuloncitos (desnudos) cuando están pequeños. En EEUU esa diferencia cultural puede ser causa incluso de juicio por pornografía infantil.

Esos son algunos problemas culturales y quizá no los más importantes. De mi parte quiero compartir algo que comente antes: mi esposa es salvadoreña y de antemano estuvo en mis planes que fuera así, para evitar problemas culturales en nuestro matrimonio. El 99% de sus gustos son los míos, comemos las mismas comidas, tenemos las mismas costumbres, nuestra forma de hablar es igual; me atrevería a decir que no hay nada en lo que no coincidamos, y esto ha sido de mucha bendición y nos ha evitado muchas dificultades. Nuestro Señor ha estado con nosotros.

La edad

Una tarde en una iglesia en New York, después que terminé de exponer una conferencia matrimonial, platiqué con una pareja. Se notaba que ella era mayor que él y me llamó la atención que no llevaran anillos de matrimonio. "¿Ustedes ya están casados?" les pregunté. Rápidamente ella contesto "no, hermano, todavía no... Nos estamos conociendo todavía." No pude evitar reír en mis adentros. "¿Conociendo?", me pregunté, "¡Si tienen 3 hijos y 5 años juntos! ¿Cómo que todavía se están conociendo?".

Recuerdo esa pequeña anécdota porque se relaciona con los problemas de un matrimonio a causa de la diferencia de edades. Una costumbre inexplicable indica que cuando alguien, en particular un hombre, conoce a una mujer, no le pregunta la edad; y es verdad que cuando nos enamoramos de alguien la edad pasa a un segundo término, pero es otro error que al final nos pasa factura.

Por lo general, en el matrimonio el hombre es mayor que la mujer, pese a que por naturaleza la mujer envejece más pronto que el hombre. Pero he conocido parejas donde la mujer es mayor que el hombre y son felices. Si usted cree que la edad en verdad no es un problema para casarse, pues adelante, pero el asunto es que si no lo pensamos bien, ya casados podemos descubrir que sí fue un error y ya será demasiado tarde.

En todo caso, si la diferencia de edad es poca, parece sin importancia, pero resulta que muchos se enamoran de alguien mucho mayor o menor.

Si este es el caso, un hecho bastante conocido puede ilustrar el problema de la edad. Una pareja va al supermercado, a una tienda de departamento, al parque o a la iglesia. De pronto, alguien le pregunta al esposo, "¿es su mamá?, o, si habla con la esposa le pregunta cómo se llama su hijo.

Muchas veces el error es que la persona no se fija en la edad sino en los atributos físicos. Si es mayor ve el cuerpo joven, si es menor ve el cuerpo cuidado; y eso es parte del ser humano, y por muy cristiano que alguien sea sigue siendo humano con defectos y deseos. La biblia nos hace ver que mientras estemos en este cuerpo de pecado, habrá una guerra entre lo espiritual y carnal.

Como consejero de los jóvenes de mi iglesia, muchos han acudido a mí buscando un consejo a sus diferentes problemas. Una tarde, un joven de Guatemala, soltero como lo era yo, de pronto me comenta que está enamorado y que está pensando en casarse. ¡Qué hay de malo en eso pensé yo y seguramente piensa usted! Pero cuando me dijo con quien quería casarse, me quedé sin palabras y así de pronto no supe qué aconsejarle. Él tenía 21 años y ella 63, muy cuidada, con un cuerpo como de una muchacha, pero la edad no se puede ocultar siempre bajo cuidados estéticos y un día mostrará las grandes diferencias.

Fue lo que sucedió con el caso de ese joven. Él no trabajaba, no tenía documentos legales de EEUU, no tenía donde vivir, mientras que ella tenía un buen trabajo, era ciudadana norteamericana, con casa propia, y aquel joven decidió casarse... Dos años después enfrentaron los problemas de esa gran diferencia de edades, y el menor de los problemas era cuando los confundían como madre e hijo.

Incompatibilidad sexual

Una vez superados los dos primeros obstáculos del camino que nos lleva al matrimonio — prepararnos y reconocer diferencias—, es necesario abordar un tema que tiene una importancia fundamental para la estabilidad y desarrollo de la pareja: la sexualidad.

En esta área, suele mencionarse como un problema determinante la incompatibilidad sexual, que en esencia es el impedimento que tienen dos personas para unirse entre sí y disfrutar el acto sexual. Generalmente la incompatibilidad se presenta cuando no hay una verdadera comunicación entre la pareja y acuerdos mutuos para satisfacer correctamente las necesidades de cada uno... Entonces, de lo que se trata es de superar tal incompatibilidad para tener una vida sexual compatible y sana.

A ese propósito se dirigen los próximos capítulos, y para su estudio es conveniente tener presente que en el área sexual el hombre y la mujer son muy diferentes en muchos aspectos, entre ellos los órganos reproductivos, y que si cada uno de ellos recibe el estímulo correcto, surgirá una hermosa compatibilidad y no una incompatibilidad en la pareja.

El tiempo

Dicen, hablando de sexualidad, que el hombre es como un fosforo, solamente pasan la cabeza sobre la caja y prende, mientras que de la mujer dicen que es fría como una refrigeradora... La apreciación sobre el hombre es bastante exacta, pero lo que se dice de la mujer lo considero un mito. Creo que más bien es la inexperiencia de algunos hombres en el trato íntimo lo que mantiene el mito.

Cierto hermano, inconforme con su esposa, comentaba que él se desesperaba al momento de la intimidad con su esposa, porque ella necesitaba 45 minutos para entrar como decimos en calor, mientras él estaba a punto de explotar a los pocos minutos. Esto es frecuente en una pareja, ya que los tiempos con los que se mueve la sexualidad en cada género son diferentes. La mujer necesita más tiempo que el hombre para alcanzar el clímax. Así que lo que aquel hermano y todos debemos entender es que esa aparente incompatibilidad se puede superar si los hombres actúan con paciencia, delicadeza y experticia durante el acto sexual, de tal manera que la incompatibilidad se vuelva, compatibilidad.

Satisfacción no irritación

Muchas mujeres han testimoniado que sufren físicamente durante la relación sexual. ¿Cuál es la razón? Bueno, si la mujer no tiene un impedimento clínico, lo más seguro es que sea por desconocimiento e inexperiencia de su hombre. Un buen número de hombres, por falta de educación en esta materia, consideran que la relación sexual es simplemente una penetración, un acto para someter a una mujer.

Grave desconocimiento que se refleja en un hecho casi cotidiano: muchas esposas se arreglan antes de que su marido llegue y, para desilusión de ellas, el marido ni siquiera se fija en el vestido, en el peinado o en el olor que de ella brota. La mujer ha querido agradar al hombre, y él es incapaz de valorar sus esfuerzos; no le dice palabras hermosas, no reconoce la gentileza de la esposa que desea gustarle como mujer.

Si de algo sirve mi experiencia, le cuento que en mi vida matrimonial todos los días expreso palabras de cariño a mi esposa, siempre que estoy en casa cuando ella vuelve del trabajo la recibo en la puerta con un beso; en ocasiones la miro a los ojos y le digo "ique hermosa te vez!", no como un simple halago sino como la verdad con que la ven mis ojos y mi corazón...

Estas pequeñas cosas, para muchos insignificantes y cursis, son las que encienden las llamas de la intimidad y vuelven inolvidables los momentos que sostienen un matrimonio.

Es que, la vida sexual de un matrimonio debe ser placentera para ambos. Se necesita tiempo, dedicación, olvidarse de su trabajo, de los problemas y un esfuerzo para satisfacer a la pareja antes que a mí mismo.

Pero sí es usted mismo quien debe afrontar educadamente la situación. Recuerde que no es el consejero matrimonial ni el pastor quienes solucionarán su problema. Es usted quien tiene la responsabilidad y la obligación de convertir la primera noche romántica con su esposa, y todas las noches de su vida de casado, en una noche de satisfacción placentera y no de irritación y sufrimiento.

No calle su inconformidad

Uno de los errores más grandes que uno puede cometer en una relación es quedarse callado cuando las cosas no marchan bien. Guardar las inconformidades y creer que como por arte de magia todo se arreglará es un error mayúsculo.

A lo largo de mi ministerio he atendido muchas mujeres que insatisfechas en su matrimonio ven el divorcio como única solución. Y, generalmente, el motivo de la insatisfacción es el silencio, el ocultamiento de las inconformidades.

"Pastor, es que él quiere una cosa y yo otra...", suelen decir esas mujeres y también muchos hombres. Entonces, ¿por qué no hablar?

Seguramente usted tiene o conoce las cafeteras eléctricas, y sabe que cuando el agua ya está caliente comienza a silbar por efecto del vapor que se escapa. Si el vapor no se escapara lo más probable es que la cafetera explotaría. Así sucede también en nuestras vidas. Cuando callamos por mucho tiempo dejamos que la presión se vuelva insoportable, y cuando queremos solucionar los problemas la misma presión nos resta capacidad y cordura al hablar; gritamos y ofendemos, peleamos en vez de conversar, y si la presión es mucha, nuestro matrimonio puede llegar a explotar.

En el seno del matrimonio de mis padres tuve un ejemplo de lo que digo. Nunca escuche a mis padres gritar cuando tenían un problema. Sentados uno frente al otro, ellos platicaban con voz moderada; algunas veces en el rostro de mi madre se deslizaban unas lágrimas y sus hijos comprendíamos que era mejor que nos alejáramos en espera que ellos solucionaran sus problemas... Un matrimonio que no era cristiano nos enseñaba que hablando se soluciona cualquier problema, y sin embargo, hoy en día hay matrimonios cristianos que se faltan el respeto y hasta golpean a su pareja.

Esta penosa situación puede superarse hablando. Si le sirve mi experiencia matrimonial, le cuento que en mi hogar conversamos todos los días, excepto cuando estoy de viaje. Hablamos de todo, de nuestro trabajo, de nuestros hijos, de alguna insatisfacción que puede haber en cada uno de nosotros. De forma casi religiosa, a las nueve de la noche nos preparamos un cafecito y platicamos con mi esposa. ¡Cuánto bien nos ha hecho el sencillo hecho de expresar nuestras opiniones e inconformidades!

Como tip práctico les recomiendo aprender a escuchar y crear las condiciones para no ser interrumpidos durante la conversación. Para lo primero puede servir un pequeño truco: acostúmbrense a que cuando uno esté hablando, el otro tome café, esto ayudará a no interrumpir. Igual es necesario buscar un sitio donde puedan estar a solas y evitar que los hijos, si los hay, escuchen la conversación.

Al saber conversar sin dejar que el enojo nos posea, estaremos cumpliendo las palabras del apóstol Pablo en su epístola a los Efesios (4:26-27):

"Airaos, pero no pequéis; no se ponga el sol sobre vuestro enojo, ni deis lugar al diablo".

¿Tengo que orar antes de tener relaciones sexuales?

Como premisa de este punto es necesario aclarar que no es ningún pecado tener relaciones sexuales con su pareja. El sexo no es pecado.

Pues, bien... En cierta ocasión una hermana me pregunto: "¿Pastor, tengo que orar antes de tener relaciones sexuales con mi esposo?" Ella, según sus propias palabras, se sentía sucia. Era penoso para ella estar orando y saber que posteriormente yacería con su esposo; además se sentía culpable.

La verdad que la verdadera culpa de esas contradicciones la tienen las malas interpretaciones de algunos cristianos. Mi consejo personal pero que creo puede ayudar a muchas parejas es que no ore; no hará nada pecaminoso sino cumplir sus deberes de esposa. Estoy seguro que con una noche que usted no ore no se condenará y orar innecesariamente no lo hará más santa o santo.

Otro caso que quiero citar es el de una hermana que después de terminar nuestro servicio en la iglesia, llena de nerviosismo me puso el siguiente dilema: "Pastor, si yo estoy teniendo relaciones sexuales con mi esposo y Cristo viene en ese momento, ¿qué sucederá conmigo? ¿No me llevará con Él?"

"Por supuesto que se va con Él", le contesté. En ninguna parte de la biblia encontramos que no sea así; y creer que por eso no se salvará es resultado de una mala enseñanza que no hace más que crear una gran fricción en los matrimonios.

En fin, es indudable que el sexo fue creado por Dios no solo para la reproducción de la humanidad sino también para que lo disfruten. *"Honroso sea en todos el matrimonio, y el lecho sin mancilla; pero a los fornicarios y a los adúlteros los juzgará Dios",* declara Hebreos 13:4.

El sexo, estimado lector, es reproducción y placer, y esto será materia del siguiente capítulo.

4 El placer sexual

Hemos sostenido que el sexo no es condenado por Dios siempre y cuando se realice dentro de los estatutos que Él ha determinado, tal como es el matrimonio.

Ser atraídos por el sexo opuesto no significa que no seamos espirituales, así mismo, el hecho que aceptemos a Cristo no quiere decir que nos convertimos en máquinas sin sentimiento. Por supuesto, no se trata tampoco de caer en libertinaje sexual.

Que un hombre o una mujer se sientan atraídos, incluso sexualmente, por alguien del sexo opuesto no constituye ningún mal, es algo propio de la naturaleza humana. Pero si usted tiene relaciones sexuales con cualquier persona que la atrae o de su mismo sexo, entonces sí cae en el libertinaje y la inmoralidad.

Dicho lo anterior, es importante saber que gran parte de la estabilidad de un matrimonio se basa en el placer sexual. El término placer significa agradar o dar gusto, y esto es lo que menos hacemos; antes de agradar queremos que nos agraden, antes de dar queremos que nos den. Así es en la vida cotidiana y así en el lecho matrimonial.

La ausencia de placer en la relación sexual, por lo tanto se convierte en un factor de frustración y stress que termina afectando la estabilidad matrimonial.

No tema dar placer a su pareja y disfrute el placer que usted siente para que su sexualidad sea plena y provechosa.

Aseo, masajes, besos

La realidad es que muchas parejas no disfrutan plenamente de una relación sexual, los temores y la vergüenza los cohíben. Tienen miedo o consideran pecaminoso sentir placer sexual, pero están equivocados. Es mejor disfrutar el sexo plenamente, y para eso quiero referirme a unos cuantos aspectos que tienen que ver con una práctica correcta y sana para disfrutar placenteramente la relación sexual.

Una primera práctica es el ASEO. Esto es algo tan elemental en la relación humana que se tiende a olvidar su importancia en la relación sexual. Conozco casos en los que uno de los esposos se niega a tener relaciones porque su pareja, por ejemplo, no se baña. Una situación que mi experiencia como pastor y consejero me indica que es más frecuente de lo que se piensa.

¿Cómo superar este problema? En términos generales, lo mejor es que se persuada al "desaseado" para que adquiera hábitos de aseo correctos. Y en el campo de la sexualidad deben adoptarse algunas normas a través del diálogo. Pero sí aun así la respuesta de la pareja no es satisfactoria, le recomiendo una pequeña estratagema.

No insulte a su pareja, no le diga "cochino anda a bañarte, apestas, eres un shuco (sucio)...", con eso lo que puede pasar es que provoque un pleito. Mejor, antes que vayan a intimar tome del brazo a su pareja y con sutileza invítela a bañarse, convénzalo y si es necesario báñense juntos.

Los MASAJES son una práctica sana en todo sentido, y más lo son como parte de los preámbulos sexuales. ¡Qué ricos son los masajes mientras se bañan o antes de hacer el amor! Cómpre algunos aceites aromáticos y túrnense dándose un masajito recíprocamente. Esta práctica no necesariamente ha de terminar en una relación sexual, pero cuando así sea el amor será más placentero.

Los BESOS son, casi por definición, parte de la sexualidad. Nunca he podido entender cómo es posible que un esposo no sienta deseo de besar a su esposa, no solamente en la intimidad sino en un día común y corriente.

Yo nunca vi a mi padre besar a mi madre, eso no quiere decir que no lo hacía, sino que por tabú cultural no se besaban frente a los hijos, y muchas personas mantienen ese tabú, pero ya es tiempo de superarlo.

Algo que práctico y seguramente le ayudará en su matrimonio es que nunca salgo ni llego a casa sin besar a mi esposa. Si por algún motivo no la beso cuando salgo de casa, me vuelvo de inmediato para besarla. Esto es algo que requiere cierta disciplina, ya que si un día me voy sin besar a mi esposa, tampoco lo haré otro y otro día, de tal manera que llegará un día en que la costumbre de besarla desaparecerá, y con ella desaparecerá también uno de los más gratos ingredientes de la vida matrimonial, matando de esa manera el amor que existe en nuestro matrimonio.

Antes y durante la relación bese a su esposa. Bese todo su cuerpo y encontrará zonas que llevarán a su esposa a un verdadero placer y a usted a una real satisfacción. Existen muchas clases de besos, infórmese, y solo para motivarlo le menciono unos pocos: inclinado, girado, directo, presionado, y, porque no, de todo el cuerpo... Al hacer esto produciremos en nuestra pareja lo siguiente...

Placer, alegría, gozo

Ya, habíamos dicho que el placer quiere decir, agradar o dar gusto. Una pareja que cumple con sus responsabilidades matrimoniales correctamente brinda placer a su cónyuge, y una pareja sanamente complacida constituye un matrimonio alegre.

La alegría es un sentimiento grato y vivo que se manifiesta con acciones exteriores como palabras, gestos o actos. Cuando una mujer o un hombre esta sexualmente satisfecho con su pareja lo refleja con alegría. Estará dispuesto a reír, no solo en la intimidad sino también en el marco de sus amistades y familiares. Una persona alegre trata mejor a sus hijos y, ni se diga, a su esposo o esposa.

Cuando el placer y la alegría son adecuados producen gozo. Cuando la mujer es cuidada y protegida por su esposo y este cumple su deber conyugal, como nos manda la palabra de Dios, produce gozo en su esposa. Incluso la vida congregacional es mejorada por el gozo, las esposas iluminan la iglesia con su sonrisa y contento porque el gozo es un sentimiento de complacencia, de estar bien.

Diferentes experiencias o ninguna

Muchos de los que hemos vivido en el mundo, cuando llegamos al evangelio por lo regular hemos ya tenido alguna experiencia sexual. Es mi caso, pero Dios en su infinita misericordia me permitió conocer a una hermosa joven sin experiencia sexual alguna. Fui el primero y único novio de mi esposa, y aunque no lo parezca es una gran responsabilidad comenzar una relación así.

Es responsabilidad de quien tiene experiencia enseñarle a su pareja los prolegómenos del sexo: cómo tiene que besar, qué es una relación sexual, etc. En confianza le cuento (espero que no se entere mi esposa) que cuando besé a mi esposa por primera vez consideré aquel beso el más insípido que yo había recibido, es lógico pues nunca había besado a nadie, pero también les aseguro que, por la misma razón, es el más puro beso que he disfrutado. Luego me di al trabajo de enseñarle y les puedo asegurar que mi esposa aprendió a hacerlo muy bien.

Lo triste es que para muchas mujeres, esta falta de apoyo por parte de su esposo, las lleva a desear que no llegue la noche; para ellas el acto sexual es una tortura, sobre todo si el hombre, como ocurre frecuentemente, toma a su mujer como un instrumento sexual sin sentimientos. "Van a lo que van" como se dice popularmente. Y es que el 85% de los hombres, porque no todos aprenden de su experiencia, no saben cómo estimular a su pareja antes de una relación sexual, y por lo tanto tampoco tienen que enseñarle.

Recuerde que el hombre no necesita mucho tiempo para tener una eyaculación, mientras que la mujer necesita mucho más tiempo para tener un orgasmo.

La mujer necesita más los juegos sexuales previos, necesita ser lubricada, estimulada; por eso, al hacer el amor con su esposa tome su tiempo, tenga paciencia y los resultados serán positivos... Cuando el hombre con experiencia asume su responsabilidad, y es paciente y cariñoso, logra que la relación sexual sea un verdadero placer para ambos.

La vergüenza

Muchas mujeres tienen vergüenza de que sus esposos las vean desnudas durante una relación sexual; lo primero que hacen, o le piden al esposo que lo haga, es apagar la luz, eso de entrada mata una relación. Hay hermanas que no quieren ser vistas desnudas por sus esposos por su sobre peso... Y quizás tienen razón, porque hay hombres irrespetuosos y groseros con sus esposas...

"Yo ya no siento nada por ella porque se salió del molde original y mire como está de gorda", es la expresión de esos hombres, pero mi pregunta es, ¿tú estás igual que cuando te casaste con ella?... No, algunos no se han dado cuenta que cuando entran a la casa lo primero que entra es la pansa (estomago); ya no somos los mismos.

Pero qué hermoso es cuando amamos a nuestras esposas no solo por su cuerpo sino por todo lo hermoso que han compartido con nosotros, y comprendemos que parte de esa deformación en su hermosa escultura es el resultado de los bellos hijos que nuestro Dios nos regala por medio de ellas.

Tengan mucho cuidado aquellos que menosprecian a sus esposas por estar un poquito gorditas, si a usted ya no le gusta su esposa por estar gordita, déjeme decirle que a otros les fascinan... Mi esposa en alguna ocasión me dijo "siento que me estoy engordando..." "No te preocupes amor yo prefiero que sobre y no que falte", le digo.

Mi consejo es que no apaguen la luz, vean sus cuerpos, recuerden que el deseo sexual comienza con la vista. De ser posible tenga un momento antes de la relación para apreciar el cuerpo de su pareja, para acariciarlo, para verlo. Eso sí, es necesaria una recomendación: si por algún motivo deciden estar desnudos, ya sea en su habitación o en cualquier lugar de su casa, cerciórese que está solo, sin sus hijos.

Durante la relación que no le dé pena expresar lo que siente; es posible que quiera gemir, emitir un grito que no sea de dolor o miedo sino de placer; o quizás quiere decirle palabras bonitas al oído o darle una pequeña mordidita... Todo esto es parte del placer sexual.

Variedad

Muchos consejeros matrimoniales cristianos se han atrevido a prohibir que una pareja practique una diversidad de posiciones en la relación sexual, y hacen que caigan en una rutina dentro del matrimonio... Gran error, porque no hay nada más destructivo dentro de una relación que la rutina; en cambio la variedad, que es la acción y efecto de variar, ha demostrado que es muy beneficiosa para la relación.

El hecho es que gran cantidad de parejas enfrenta el dilema de si es aceptable dentro del cristianismo usar posiciones sexuales o no... Déjeme decirle que en la Biblia no se encuentra ninguna prohibición que prohíba esas prácticas; al contrario, el libro de los proverbios recomienda disfrutar de esa relación en toda la extensión de la palabra.

"Sea bendito tu manantial, y alégrate con la mujer de tu juventud, Como cierva amada y graciosa gacela. Sus caricias te satisfagan en todo tiempo, Y en su amor recréate siempre". Proverbios 5: 18-19

¿Cuántos de nosotros cuando vamos a descansar a nuestra cama nos dormimos nomás al acostarnos? Me atrevería a decir que ninguno, mas aquellos que padecen de insomnio, que hacen para poder dormir... Si están boca arriba se ponen boca abajo o de lado, con una pierna encogida o se hace una bolita; en fin, se busca una posición cómoda para poder descansar... ¿Por qué no hacer lo mismo para tener una buena relación sexual con nuestra pareja? Por supuesto, siempre y cuando no se violen los derechos de su pareja. En otras palabras, nunca obligue a su pareja a hacer nada que ella no quiera por muy normal o natural que eso sea.

"Es que pastor, yo quiero hacerlo normal y él no quiere así", es una queja frecuente... Yo me pregunto, ¿qué es normal para usted, porque lo normal para usted puede que no sea normal para mí? Le pongo un ejemplo: para mí no es normal que se le ponga chile a la comida, no entiendo cómo se puede disfrutar de una buena cena si se está sufriendo cuando se come; pero pídale a un mexicano que no le ponga chile a la comida y eso le parecerá anormal a él.

Imagine otra situación. Suponga que su esposa le prepara pollo sancochado el lunes, usted se lo come sin pensarlo; el martes le da pollo sancochado de nuevo y usted ya se queda un poco pensativo; le da pollo sancochado los demás días, y, estoy seguro, allí por el jueves usted sale como loco a buscar a la calle algo que no sea pollo... Sin embargo, si le da pollo rostizado un día, en mole otro, a las brasas otro día más... es el mismo pollo, pero no nos aburre porque está hecho de diferentes formas. El pollo rostizado no es igual en sabor que el que ha sido cocinado a las brasas, ni al que está solo sancochado, cada una tiene un sabor diferente y es la razón por la cual puede comer pollo sin que le aburra... Con este ejemplo quiero darle a entender que, como suele decirse, en la variedad está el gusto.

¿Qué tenemos que hacer entonces? Simple y sencillamente hablar y llegar a un acuerdo y probar. Si ambos están de acuerdo en practicar una posición u otra con su pareja, no hay ningún pecado en que lo hagan.

Hay muchas cosas que no tienen nada que ver con nuestra vida cristiana que son de mucha ayuda para nuestras vidas. Por ejemplo el celular, la computadora, el microondas son productos que no están relacionadas directamente al cristianismo pero forman parte de nuestras vidas cotidianas... Así también hay enseñanzas que sin ser cristianas pueden ayudar a que tengamos una vida sexual sana.

El Kamasutra

El Kamasutra es un libro de origen hindú que, aunque no ha sido escrito por cristianos, puede ayudarnos a tener una vida sexual sana. Este libro presenta unas cien posiciones sexuales cuyo conocimiento bien puede ayudar a quien quiera saber un poco más del tema.

Uno de los problemas que pueden presentarse en la práctica de las posiciones que muestra El Kamasutra, es que la posición que él quiere no sea la más adecuada para su esposa. Pero esto puede superarse con la conversación. Es necesario ponerse de acuerdo y que ambos estén dispuestos a probar determinada posición. Nunca debe forzar o tomar a la fuerza a su esposa para que lo complazca, recuerde que por eso puede ser arrestado, fichado como agresor sexual y condenado en una corte por violador.

¿Dónde puedo tener relaciones sexuales con mi pareja?

Donde usted quiera, siempre y cuando no viole ninguna ley o viole la privacidad de alguien. Recuerdo a propósito una hermana que pasó con una carga moral por muchos años. Resulta que un día disfrutaron con sus amistades una carne asada en el patio de su casa. Cuando la fiesta terminó y se habían ido todos, estaban recogiendo los enseres y el esposo la tomó y, sin pensarlo, terminaron teniendo relaciones en el patio trasero de la casa...

Por este hecho la esposa se sentía mal... Pero le pregunté si disfrutó aquellos momentos, y la hermana, con una gran sonrisa, me dijo... ¡Sí!

Pues bien, hermana, era en su casa y con su esposo, no le faltó el respeto a nadie. Ustedes puede hacer el amor en la sala, la cocina, en el baño, en su recamara, en el pasillo de su casa, donde quieran... siempre y cuando se respete la integridad de su pareja y su hogar.

# La virginidad

Una de las causas por las cuales muchas parejas no logran tener un matrimonio feliz, estable y duradero es porque vienen arrastrando su pasado con ellos y lo traen a su matrimonio. Tocar el tema de la virginidad antes de casarse en un tema muy embarazoso para algunas parejas, pero es de suma importancia que se haga. No porque la virginidad le dé más valor a una mujer, sino porque un matrimonio no se puede fundar bajo mentiras o engaños.

¿Es importante que una joven llegue virgen al matrimonio?... Sí.

¿Vale más una mujer virgen que otra que ya no lo sea?... No.

En la segunda epístola a los Corintios el apóstol Pablo nos dice,

"De modo que si alguno está en Cristo, nueva criatura es; las cosas viejas pasaron; he aquí todas son hechas nuevas". 2 Cor. 5:17

Desde el mismo instante que venimos a Cristo fuimos perdonados de todos nuestros pecados; todo error que cometimos en el pasado ha sido borrado por la sangre de Jesucristo.

¿Cuántos matrimonios tienen problemas por no entender que lo que pasó antes de conocerse está en el pasado, y no tiene nada que ver con la decisión que un día tomamos para unir nuestras vidas en matrimonio?

Nunca olvidare uno de los consejos de mi padre, "si quiere la gallina tiene que querer también los pollitos". Pero hay muchos hombres que quieren casarse pero no quieren cargar con los hijos que la mujer trae de una relación anterior. Lo mejor sería, si usted no piensa que puede cuidar de esos hijos, que no se case porque lo más probable es que su matrimonio termine en divorcio.

No tenga relaciones sexuales antes del matrimonio

Muchos de nosotros antes de llegar a Cristo hemos tenido una vida desordenado en lo que a la actividad sexual se refiere, pero la Biblia nos dice que ahora somos nuevas criaturas, nuestra actitud y acciones debe ser completamente diferentes.

Para que su matrimonio no experimente quebrantos en un futuro es mejor que no tenga relaciones antes de casarse; es un pecado delante de Dios, y aunque ya tenga hijos y venga de un matrimonio anterior, dese su valor y no permita que nadie mancille su vida.

Hoy en día hay hombres que ven a la mujer que ya tiene hijos como una presa fácil para saciar sus deseos pecaminosos, y esto pasa incluso en las iglesias. Sin embargo, no se quieren tocar estos temas y muchas jovencitas desorientadas están saliendo embarazadas dentro de las mismas iglesias, sin que estas hagan nada para evitarlo. No existen consejeros que afronten esta situación, queremos arreglar las cosas cuando ya no se puede; por eso, antes de dar un paso hacia el matrimonio reciba consejería para que entienda que un matrimonio no es para un par de años o para tener sexo, es para toda la vida.

Si un hermano quiere tener una relación sexual con ustedantes de casarse, aléjese de esa relación, lo más probable será que una vez que él se acueste con usted, la deje para buscar otra víctima.

No olvide que una de las palabras más utilizadas por los hombres para lograr que una mujer tenga relaciones con él es "dame una prueba de amor", "si me amas demuéstramelo". Son artimañas que usan para lograr su objetivo sin el más mínimo temor de ofender a Dios con sus acciones.

Tener sexo antes del matrimonio no solamente viola la ley y los estatutos de nuestro Dios sino que también trae consecuencias cuyas facturas se encarga de cobrarnos la vida. ¡Cuántas madres en este momento están criando hijos de una relación antes y fuera del matrimonio! El hombre "cariñoso y amoroso" que les prometió la luna y las estrellas no es digno de velar por la criatura que engendró, se olvidó que ese niño come, se viste y calza... Hasta que esto sucede las mujeres engañadas se dan cuenta del error que cometieron ofendiendo a Dios, y tienen que enfrentar las consecuencias de desobedecer su Palabra.

Las enfermedades de transmisión sexual es otro pago que muchos tienen que hacer por tener relaciones fuera del matrimonio y antes de casarse. Algunos dirán que esas enfermedades no pasan más allá de causar ciertas incomodidades; con un par de inyecciones y unos cuantos días soportando el malestar se curan... Pero, ¿el SIDA? Esta es una enfermedad que no solo mata a quien es portador de ella, sino que destruye a muchos que están a su alrededor, y si contagia a su pareja también la mata.

Podríamos enumerar muchas más consecuencias de tener relaciones sexuales antes del matrimonio, pero, para no cansarlo, quiero concluir esta parte con un llamado para que tome conciencia de esta situación. Si la mujer es virgen, debereservar su virginidad para la persona que Dios ha preparado para usted, entregándose pura al amor de su vida. Si usted ya no es virgen, con usted quiero hablar en el siguiente punto.

Confiese su situación

Que una mujer ya no sea virgen antes de llegar al matrimonio no la hace menos que aquella que lo es. Gracias a Dios ya no estamos bajo la ley que dictaba que cuando una

La virginidad

pareja se casaba y el marido por alguna razón daba falso testimonio de que ella no era virgen, los padres de ella sacaban la sabana llena de sangre para que los ancianos miraran la evidencia de que estaba mintiendo.

"*...entonces el padre de la joven y su madre tomarán y sacarán las señales de la virginidad de la doncella a los ancianos de la ciudad, en la puerta;*" Deuteronomio 22:15

Hoy en día, aunque ya no estamos bajo la ley, tenemos que ser honestos... Si usted, hermana, ya no es virgen confiéseselo a la persona con quien se va a casar.

Una noche recibí a una hermana que estaba a punto de separarse con su esposo, cuando le pregunte la razón me quede sorprendido cuando me respondió "Pastor, cuando nos íbamos a casar con mi esposo le dije que era virgen".

Nunca he entendido por qué intentamos tapar el sol con un dedo, como se dice. Hay hechos que no se pueden ocultar, como que una mujer quiera cubrir su embarazo o que un hombre oculte la paternidad de un hijo... ¡Un día todo saldrá a la luz!

Por eso, antes de dar el paso del matrimonio lo más correcto es ser honestos y hablar con la verdad; si el hombre la quiere, poco le importará que no sea virgen o que tenga hijos..., pero confiese la verdad, no la oculte porque tarde o temprano se sabrá.

Quiero compartirles algo muy personal, que está relacionado con confesar las cosas antes de venir al matrimonio... Cuando estábamos de novios con la mujer que hoy es mi esposa, no sabía cómo decirle que antes de venir a los caminos del Señor yo había tenido un hijo que para ese entonces ya tenía seis años de edad.

Recuerdo que comencé mintiéndole para llegar a la verdad. "Fíjese", le dije, "que tengo un amigo que actualmente tiene una relación con una joven a la cual según él me ha confesado ama con todo su corazón. Pero él tiene un hijo y no halla cómo decírselo porque tiene miedo de perderla, pues piensa que ella no lo va a entender. Quiere casarse con ella, pero piensa que si le oculta la verdad un día eso será motivo para que su matrimonio fracase y él no quiere eso".

Nunca olvidare el lindo rostro de mi amada y su mirada tierna cuando me pregunto "¿cuántos años tiene su hijo? ¿Ese muchacho es usted verdad?"... No me quedó más que confesarle que sí, que era yo, pero que en verdad no quería perderla.

Fue una dicha haber dicho la verdad sobre mi hijo. Cuando lo recibimos en nuestro hogar —ya como un matrimonio—mi esposa lo trató y quiso como un hijo propio. Hoy en día mi hijo tiene ya treinta y tres años y siempre guarda un gran respeto para mi esposa, a quien considera su madre.

No mintamos ni antes ni durante una relación. Por más dura que sea la verdad, confiésela, dice la biblia que si lo hacemos alcanzaremos misericordia.

El machismo

El machismo es una forma de menospreciar y discriminar a la mujer. Pero, la Biblia nos enseña que Dios no aprueba eso. Él nos ha hecho iguales, a su imagen y semejanza.

El machismo es producido por nuestro entorno social. Dicen los machistas: ¿qué dirán mis amigos si yo le hago caso a mi mujer, si me dejo mandar de ella, si le hago caso en todo? Es ridícula en verdad esa actitud, y es una estupidez creer que el hombre es más hombre porque menosprecia, le pega e insulta a la mujer. Personalmente, lo que menos me importa es la opinión de cualquiera en cuanto a si le hago caso a mi esposa o no...

Yo tengo el ejemplo de mis padres y espero me disculpará el lector por recurrir frecuentemente a ellos como ejemplo, pero la verdad, como antes dije, hicieron un hogar que, a pesar de no ser cristianos, siempre me motivo a tener un hogar como el de ellos.

Recuerdo, pues, a mi padre ayudando a mi madre en todo, a barrer la casa, lavar los trastes, en una ocasión que operaron a mi madre él le lavaba la ropa..., eso para mí fue una escuela. Hoy en día, en lo que a mi corresponde, por lo menos dos o tres veces por semana cocino (le comento que soy chef de comida Italiana), lavo los trastes cuando puedo o tengo tiempo, saco la basura, barro; en fin, ayudo a mi esposa en todo lo que puedo. Alguien dirá que eso no me hace un verdadero hombre... ¡Allá quien piense así! Respeto su opinión, pero estoy seguro que mi actitud no machista ha contribuido a que tengamos una hermosa relación con mi esposa en el cuido del hogar.

Es claro que el machismo nos hace cometer errores y nos imposibilita la oportunidad de ser felices. Le pregunto a los hombres que exigen que la mujer con la que se quieren casar sea virgen... ¿Tú lo eres? Porque pedimos algo que nosotros tampoco podemos dar, nosotros venimos hechos pedazos algunas veces y queremos venir exigiendo lo que no podemos exigir... Cuando mi padre conoció a mi madre, ella ya tenía tres hijos. Yo soy el primer hijo de su matrimonio y ellos fueron felices por más de 45 años juntos; nunca se les escuchó decir "son hermanos solo de mamá". Todos formamos una hermosa familia y ese es mi deseo y mi lucha, tener un hogar que pueda honrar a mi esposa, y que el día de mañana mis hijos puedan decir "yo quiero tener un hogar como el de mis padres".

Nunca mi padre golpeó a mi madre, nunca le dijo una mala palabra, nunca se escuchó un grito cuando tenían que solucionar algún problema..., eso lo he traído yo también a mi hogar. Durante los treinta años de casados que estamos por cumplir, nunca hemos peleado, nunca me ha pasado por la mente el levantarle una mano, un grito mis hijos nunca lo han escuchado, nunca le he faltado el respeto ni de palabra... No le estoy diciendo que no hemos enfrentado algunas inconveniencias dentro del matrimonio, ¡claro que sí!, pero

La virginidad

Dios nos ha dado la sabiduría y la inteligencia para poder enfrentar estas dificultades y poder salir adelante.

Recuerde que ya todas las cosas viejas pasaron, ahora somos nuevas criaturas. Esforcémonos por glorificar a Dios en nuestros hogares, horrando a nuestra esposa o esposo, bendiciendo a nuestros hijos, luchando día a día por mantener nuestro matrimonio feliz solo por 24 horas.

No os neguéis

Se ha dicho que para que uno no pase desapercibido en este mundo, tiene que sembrar un árbol, tener un hijo y escribir un libro. Pero, no basta con hacer estas cosas, es necesario saber que ellas llevan una responsabilidad y asumirlas; si siembras el árbol pero no lo cuidas, no lo riegas, no le pones su abono, no lo podas cuando se tiene que hacer, seguro estoy que ese árbol se morirá, si no vas a cuidar el árbol no lo siembres...

Si escribes un libro, no lo escondas, tienes que distribuirlo, trabajar arduamente para recuperar tu inversión y ver los resultados de tu esfuerzo en las ganancias que te produzca. Si no estás dispuesto a esforzarte para que esto pase, mi consejo es que no escribas ese libro.

Si tienes un hijo, debes criar ese hijo, saber qué come, qué viste, que un día estudiará y que es tu responsabilidad y no la del gobierno velar por él. Si crees que no estás capacitado para velar por ese niño, no lo tengas...

Bueno, yo ya hice las tres cosas: he sembrado árboles —de aguacate, naranja, mangos, granadas— y hoy en día como de ellos. Tengo mis hijos que amo con todo mi corazón, velo por ellos, les doy lo necesario para que puedan salir adelante en sus vidas... Y, este es el segundo libro que escribo de otros muchos que vendrán, y espero que se vendan todos.

¿Qué he querido decirte con esta ilustración? Que si tú no estás dispuesto o dispuesta a cumplir con tu papel conyugal, pues no te cases, así de fácil. Muchos matrimonios en estos momentos están atravesando por situaciones críticas por que no cumple la esposa o el esposo su papel conyugal, porque no se trata de si quieres o se te antoja, sino que es una responsabilidad que tenemos que cumplir dentro del matrimonio. ¿Qué dice la Biblia al respecto?

"El marido cumpla con la mujer el deber conyugal, y asimismo la mujer con el marido.

La mujer no tiene potestad sobre su propio cuerpo, sino el marido; ni tampoco tiene el marido potestad sobre su propio cuerpo, sino la mujer.

No os neguéis el uno al otro, a no ser por algún tiempo de mutuo consentimiento, para ocuparos sosegadamente en la oración; y volved a juntaros en uno, para que no os tiente Satanás a causa de vuestra incontinencia". 1 Cor. 7:3-5

Les cuento: una corte en la India determinó, en un proceso de divorcio, que el negarse a tener sexo con el marido es un acto de crueldad mental. Y es la verdad, ¿quién no se vuelve loco en una situación así? La corte concedió el divorcio por aquella causa.

La luz roja en el tablero de su carro

Cuantos de nosotros no hemos pasado por la experiencia de que al momento de subirnos a nuestro vehículo notamos que hay una luz roja prendida en el tablero, que nos indica que algo no está bien en el carro. ¿Cuál es la actitud inmediata de muchos de nosotros? ¿Revisar el vehículo? ¡NO! La mayoría lo que hace es pegarle al tablero pretendiendo que así se solucionará el problema. Y, de hecho, parece que es así porque la luz roja desaparece..., pero, con el tiempo vuelve a surgir y hacemos lo mismo, golpear el tablero. Un buen día el carro se detiene en plena marcha, nos deja tirados a medio camino y lo primero que decimos es "no sé qué paso estaba trabajando perfectamente bien"... ¡No, mentiras! El carro te venía anunciando que algo no estaba bien... Eso mismo pasa en un matrimonio.

La luz roja se enciende en nuestros hogares indicándonos que algo no está bien, y qué hacemos... La mayoría de las veces la ignoramos, echamos la culpa al otro y, por último, buscamos otra pareja como si de un carro se tratara.

Existen variadas razones por las cuales una persona pierda el apetito sexual por su pareja. Una de las principales es la rutina; hacer el amor en el mismo lugar, a la misma hora y de la misma forma.

Pero al fuego de la pasión también lo apagan las deudas, la enfermedad, problemas en el trabajo y hasta la edad en ciertos casos. Pero todo esto tiene una solución que se llama "comunicación". Es necesario que los esposos hablen entre sí y busquen solución a esos problemas, y si creen que solos no pueden, busquen la ayuda de un profesional.

Recuerde que la Biblia nos manda a cumplir nuestro deber conyugal como responsabilidad de dos no de uno solo.

Ya vimos que la Biblia nos demanda que cumplamos nuestro deber conyugal, y que si por algún motivo nos separamos con nuestra pareja que no sea por mucho tiempo, y específicamente que sea para la oración (actividades espirituales). Quizás tengan que ir a un viaje de emergencia, por motivo de trabajo, enfermedad o simplemente por una indisposición de uno de los dos... El hecho es que Pablo entiende que nuestro cuerpo es pecaminoso por naturaleza y dice vuelvan a juntarse para que Satanás no los tiente.

Entre las tentaciones están las excusas, así que abordaremos algunas excusas usadas para no cumplir nuestro deber conyugal.

Excusas

Me duele la cabeza. Se ha comprobado que la mujer o el hombre que utiliza esta excusa es una persona de poca imaginación y falta de conocimiento... Durante la relación sexual el cuerpo, tanto del hombre como de la mujer, produce una sustancia llamada Endorfina que actúa como un analgésico natural que les ayuda a aliviar el dolor de cabeza de una forma natural. Yo he pasado por esa situación; en alguna ocasión, minutos antes de tener una relación sexual con mi esposa he experimentado un dolor de cabeza que luego desaparece. Mi recomendación es que comiencen a acariciarse suavemente y prosigan así; verán que de lo que menos se acordarán en pocos minutos es que les dolía la cabeza.

Estoy cansado, tengo sueño. Muchas veces no podemos dudar que es verdad. Quizás llegamos súper cansados de nuestro trabajo, del trajín diario, del tráfico, pero eso no es excusa para no cumplir con nuestro deber conyugal, porque usted no tiene sexo nomás entra a casa. Primero se relaja un poco, cena y hasta después tiene el tiempo para la intimidad. Y es mejor que tome el cansancio por el lado positivo, y que en vez de ser una excusa para no cumplir su deber conyugal, que lo sea para que ambos compartan un masajito que los lleve al acto íntimo. Verán y comprobarán que no hay mejor método para descansar, relajarse y dormir como un niño, que tener una buena relación sexual.

Estoy embarazada. A muchas mujeres les aterra tener sexo durante su embarazo porque creen que pueden causarle daño al niño. Esto, está comprobado, es una mentira. La mujer puede tener sexo con su pareja hasta cinco horas antes del nacimiento del niño. Posiblemente será incómodo para ella, pero le ayudará saber escoger las posiciones adecuadas según lo expuesto en el capítulo cuatro.

Así mismo, hay hombres que debido al estado del cuerpo de su esposa embarazada creen que ella no siente el deseo sexual. Todo lo contrario, es cuando más se despierta ese deseo y entre los tres a seis meses de embarazo es cuando mejor lubricación tienen ellas. Creo que es una etapa muy placentera para poder disfrutar de unas relaciones sexuales inolvidables con nuestra pareja.

Mujer, recuerde que es usted la que está embarazada y no su esposo, así que cumpla su deber conyugal.

Podríamos seguir hablando de tantas otras excusas que tanto la mujer como el hombre inventan para no tener sexo con su pareja como tengo sueño, los niños nos pueden escuchar, mañana tengo partido, no tengo tiempo... Pero una en particular quiero tocar antes de terminar este capítulo y es **La menstruación**.

Son muchas las mujeres que durante una consejería me han preguntado si se puede tener una relación sexual durante su periodo menstrual. La respuesta es sí. No se ha comprobado que eso afecte a ninguno de los cónyuges, ¿lo recomiendo entonces? Hermanos, no soy yo quien tiene que decidirlo, son ustedes. Lo que sí quiero que entienda es que para la mujer es poco incómodo y debido a los tabús que se manejan hoy en día, muchos pretenden asociarlo al pecado.

Bajo la ley una mujer en su periodo menstrual estaba impura según Levítico 15. Algunas hermanas cuando tienen un privilegio en la iglesia y están en su tiempo menstrual no lo quieren desempeñar, porque creen que es una falta delante de Dios. No es así, ya no estamos bajo esa la ley; sin embargo, en lo personal como pastor, siempre he respetado esa actitud de la mujer porque tiene derecho a tomar su decisión.

Pero la verdad es que, según expertos en la materia, tener relaciones sexuales durante el periodo menstrual ayuda a disminuir los dolores menstruales y produce orgasmos más placenteros... Eso sí, si lo hacen deberá ser de mutuo acuerdo.

# El orgasmo

El sexo no es la base fundamental de un matrimonio, pero sí es esencial para su estabilidad y felicidad del hogar. Es increíble la cantidad de mujeres y algunos hombres que no tienen conocimiento de lo que es el orgasmo. El 85% de las mujeres que incluso ya tienen hijos no saben que existe el orgasmo, ya sea porque no conocen del tema y sus esposos tampoco, o porque si estos saben no les importa que ellas lo sepan y mucho menos que lo disfruten.

Pero, ¿qué es el orgasmo? Es la culminación del placer sexual; en la mujer es la manifestación de contracciones vaginales, y aquí es donde muchas mujeres se quedan perdidas. ¿Cuál placer si yo no he sentido nada?, expresarán algunas.

Anteriormente dijimos que el hombre no necesita mucho tiempo para tener una eyaculación, o sea un orgasmo; es posible que dos minutos le sean más que suficientes. En la mujer no es así, y en esto está la raíz del problema. Resulta que después de una relación que duró, digamos, unos 15 minutos, el hombre ya exhausto se acomoda para descansar y dormir, mientras la mujer está con todo su cuerpo ardiendo y no sabe cómo solucionar su ansia; porque no ha sido instruida por su marido y este no se preocupa por lograr que su esposa experimente el mayor placer del sexo.

Sobre este tema, déjeme darle una comparación como ejemplo. Cuando comemos por lo general terminamos nuestra comida y entonces preguntamos a nuestra pareja si quiere otro poquito, por si tiene hambre todavía. "No gracias" es nuestra respuesta cuando estamos satisfechos... Pues igualmente sucede en una relación sexual: no puede terminar si no se está plenamente satisfecho... No tenga vergüenza de preguntarle a su pareja si está satisfecha, más adelante abundaremos sobre este tema.

Por el momento, quiero compartir que por más de 30 años Dios me ha permitido dar consejería matrimonial, y esa experiencia me ha dado la capacidad de conocer cuando una persona, una mujer particularmente, me miente sobre la experiencia del orgasmo. Rápidamente puedo ver la incertidumbre en su rostro cuando le pregunto si ella ha tenido un orgasmo con su esposo, me dice que sí, pero su lenguaje me dice lo contrario. "Tengo años casada, tengo hijos" es su respuesta, pero eso no demuestra nada, porque puede pasar aunque nunca haya tenido un orgasmo.

La necesidad es real

¿Para quién es necesario tener un orgasmo? La necesidad es de los dos. Y es bueno que sepan, ¡agárrense los hombres!, que la mujer es multiorgásmica, o sea, que mientras el hombre puede tener un orgasmo (y si tiene menos de 30 años esperar entre unos 45 minutos a una hora para volver a tener una erección y poder eyacular nuevamente), ella puede tener varios... Ella es multiorgásmica, o sea, que puede tener varios orgasmos durante un solo acto sexual.

Para muchas mujeres es traumático tener relaciones sexuales con su esposo, porque ellas no le encuentran sentido a que el marido solo llega, la penetra y minutos más tarde termina, dejando inconcluso su trabajo.

Esta situación va produciendo un trauma psicológico que va incapacitando a la mujer para lograr un orgasmo; piensa que no es una verdadera mujer, siente baja estima por sí misma, se engaña creyendo que el orgasmo es solo para su esposo. En algunos casos la mujer puede asumir que es frígida o incapaz de disfrutar del sexo... Pero no es así. Si la mujer lubrica durante una relación sexual quiere decir que está viva, que se produjo en ella una excitación y que solo es cuestión que su esposo la transporte a la magia de poder experimentar un orgasmo y, por qué no, unos cinco si fuera posible..., y finalmente ambos experimentarán la culminación del placer.

El yo debe morir

La actitud generalizada del hombre hoy en día es de primero yo, después yo, siempre yo... Esta actitud egoísta la llevan muchos hombres, incluso sin darse cuenta, al plano de la relación conyugal.

Por razones de tiempo, ignorancia o desidia, poco les importa saber si la mujer es complacida en la relación sexual. Estos hombres son tan egoístas que solo piensan en ellos y en cómo agradarse a sí mismo; se olvidan de su esposa y prestan más atención a cosas materiales que a su familia. Al respecto, recuerdo una noche cuando una pareja llego a mi oficina y comenzaron a explicarme su problema...

Ante lo poco que la hermana me contaba, pensé que había una tercera persona en el matrimonio, y todo apuntaba a que el problema no tenía más solución que el divorcio. De pronto me quedé helado cuando ella declaró el problema. Sí había un tercero, pero estoy seguro que usted se reirá, como lo hice yo, al saber quién era ese tercero... ¡un carro!

Todas la mañanas al despertar, antes de saludar a su esposa, de darle un beso o los buenos días, o antes de darle gracias a Dios por un día más de vida, el esposo se asomaba por la ventana de la habitación para ver si allí estaba el carro; lo mantenía bien lavadito, las llantas impecables, el tablero resplandeciente, los vidrios como espejos, el olor de su interior a primavera. Lo primero que hacia luego de levantarse era tomar un trozo de franela para limpiar el carro, y se mantenía permanentemente atento a la alarma... Esto quizá no parezca fuera de lugar, pero el problema era que cuando la alarma sonaba, acaso activada por cualquier carro que pasara, al esposo no le importaba si estaba haciendo el amor con su esposa... Él tiraba literalmente a su esposa a un lado, para ir a ver si no le había sucedido nada a su amado carro.

Pocos días después, cuando aquella pareja llegó a una consejería, noté decaído el rostro del esposo, sus ojos revelaban que había llorado, y yo pensé en la posibilidad de una discusión reciente entre ellos. "Le pegaron dos balazos, siervo", me dijo aquel triste esposo con voz entrecortada, y yo pensé en una terrible desgracia... ¡Pero los dos balazos se los habían dado al carro!

Pues bien, quizás usted y yo creamos que experiencias como la que le conté no son posibles, pero ya ve que sí ocurren. Y es triste cuando el hombre es egoísta y quiere que todo se mueva alrededor de él; habla mucho, pero no escucha, es como un niño malcriado, y en realidad es muy triste cuando una mujer cae en las garras de un hombre así.

Descubre la zona del placer, el punto G

Para algunos es un mito el punto G en la mujer, pero los sexólogos más reconocidos confirman, y yo doy fe, que el punto G sí existe en la mujer. Algunos hombres me han dicho, "yo ya lo busqué y no lo encuentro para nada". Les creo, pero pienso si no será que esos hombres son un poco como el hermano del carro, y si dieran más atención a su esposa encontrarían los puntos sensibles de su cuerpo.

El problema de muchos hombres es que ven a la mujer como un plato desechable. No les importa dar tiempo a su esposa y buscar juntos los placeres que una relación sexual les puede brindar, sino que buscan únicamente saciar sus propios deseos, se satisfacen y luego desechan a su pareja.

Si fueran atentos encontrarían el punto G en su pareja. Para orientarlos les diré que ese punto, según los sexólogos, está situado en la vagina justo a un lado del clítoris. Y el clítoris mismo en realidad cumple la función en la mujer de producirle placer durante la relación sexual. Por eso es tan importante acariciar a su esposa antes y durante una relación sexual; recuerde que la mujer es multiorgásmica, y con las caricias adecuadas podemos hacer que tenga uno o dos orgasmos antes de concretar la penetración.

También se da el caso de los hombres que creen que es el tamaño del pene el que logra que la esposa tenga un orgasmo, y algunos no muy dotados en ese sentido tienen un grado de frustración y de baja estima... Pero el tamaño no importa. Las manos, la boca, la lengua pueden ser usadas favorablemente en la relación, y puede estar seguro que producirá orgasmos a su esposa y su búsqueda del punto G hará que le produzca más placer.

Prepárese para volar

Le parecerá broma quizás lo que le voy a decir pero es la verdad: muchos hombres, aunque menos que mujeres, nunca han experimentado un orgasmo. Conozco el caso de un hermano que acudió a mí para tratar su problema. Él penetraba a su esposa y con solo el flujo preseminal producto de la lubricación que ambos tenían, creía que ya habían terminado con su obligación conyugal, negándose a sí mismo y a su esposa el placer que provoca un orgasmo. Pues bien, aquel hombre me llamó por teléfono una noche, había tenido un orgasmo... "Esto es como estar volando", me dijo muy sonriente, de allí el nombre que le di a este apartado.

Aquel hermano, como tantos hombres, nunca había experimentado un orgasmo. Y así como él, todos debemos saber que si nos informamos y nos esforzamos tendremos resultados muy positivos dentro de nuestra relación conyugal. Por ejemplo, es bueno saber que hay dos posiciones muy adecuadas para llevar al orgasmo a una mujer: la posición del Misionero y la Fusión II.

El Misionero es la posición más conocida y practicada en una relación sexual; se le conoce generalmente como la posición normal. En ella el hombre se pone sobre su mujer, se tira sobre ella, no permitiéndole moverse y así ambos buscar el placer; pero para que sea más efectiva, el hombre una vez sobre la mujer debe mantener una distancia adecuada con sus rodillas, de tal manera que ambos tengan libertad de movimiento y el clítoris de la mujer reciba una estimulación mayor.

La Fusión II es una posición en la cual la mujer se coloca sobre el esposo —pero no completamente en vertical porque así no generara presión sobre el punto G ni el clítoris—, tiene que ponerse un poco inclinada hacia su pareja para lograr una distancia adecuada, que sea la distancia de sus brazos sobre el pecho de él. De esa forma el clítoris recibirá un estímulo mucho mayor que terminará generando el orgasmo buscado en una relación.

Recuerde: lograr un orgasmo es resultado de los dos. ¡Qué placentero es cuando se logra porque todo nuestro cuerpo convulsiona y hasta el dedo chiquito del pie se nos acalambra! Esfuércense para lograr ese objetivo y entonces... ¡Prepárense para volar!

# Una sola carne

El término "una sola carne" no es entendido por muchos hombres y mujeres. El concepto cubre muchas cosas y no solo la intimidad sexual como muchos lo creen y enseñan.

"Por tanto, dejará el hombre a su padre y a su madre, y se unirá a su mujer, y serán una sola carne". Génesis 2:24

En los planes de Dios estuvo y sigue estando que cuando dos personas se unan en matrimonio (hombre y mujer, aclaro por si alguien tuviera dudas), el matrimonio debe ser para toda la vida.

Creo que usted recuerda que cuando se casó, el ministro le dijo "prometes serle fiel en la salud y en la enfermedad, en la riqueza y en la pobreza..." Yo, todavía lo recuerdo como si fuera ayer, pero la frase que más quedó grabada dentro de mí fue "hasta que la muerte los separe".

Mientras escribía este libro recibí la llamada de una buena amiga de mi infancia. Me felicitaba por la reciente publicación de mi anterior libro, El Llanto de un Guerrillero, y yo le comenté que estaba escribiendo otro... "Es un libro especial para matrimonios", le conté cuando me preguntó el tema, y cuando le mencioné el título se puso a reír y me dijo, "ese más bien es para amantes, porque el matrimonio es para toda la vida".

Por supuesto que tiene razón. Cuando yo escuché "hasta que la muerte los separe", hice a la vez un compromiso conmigo mismo de trabajar y luchar no para pasar un par de años con mi esposa, sino para estar con ella hasta que nuestro Dios nos llame a su presencia. Nunca me puse a pensar por cuantos año sería, pero me propuse hacer feliz a mi esposa, cuidarla y respetarla solo por 24 horas, luego otras 24 horas y otras 24 horas.... ¡En unos meses cumplimos 30 años de casados! Y tengo que confesar que los méritos son para mi esposa por aguantarme hasta el día de hoy.

Una sola carne, pues, involucra más que ir juntos a la cama. Un verdadero matrimonio entiende que ya no son dos sino uno. Incluso nuestras familias sanguíneas pasan a ocupar un segundo lugar.

Un matrimonio que no comprende esto y depende de lo que digan familiares y amigos, es un matrimonio que irá al desastre tarde o temprano. Recuerde: dejará y se unirá... y serán una sola carne.

El apóstol Pablo dice en su primera carta a los Corintios: *"Digo, pues, a los solteros y a las viudas, que bueno les fuera quedarse como yo; pero si no tienen don de continencia,*

cásense, pues mejor es casarse que estarse quemando".
1 Cor. 7: 7-8

Pablo habla claramente de tener relaciones sexuales dentro del matrimonio, que es parte fundamental en la relación.

Ahora quiero rápidamente aclarar algo antes de continuar. No profundizaré ya que no es el punto del cual estamos hablando. El asunto es que hay quienes sostienen, basados en ese versículo, que Pablo no fue casado, ese es un error; él fue casado pero por alguna razón (separación o viudez) determinó mantenerse sin volver a casarse. Él tenía el don de continencia, pero aclara que el hombre que no tiene ese don, es decir, si no puede estar sin mujer o sin sexo cásese, pues mejor hacerlo que estarce quemando.

Esto implica que nosotros como hombres tenemos una gran responsabilidad en esta área dentro del matrimonio, no quitando por supuesto la de la mujer ya que como hemos dicho, ya no somos dos sino uno solo... Pues bien, continuemos...

Tenga relaciones sexuales con regularidad.

Es increíble cuantos hombres pasan días y hasta semanas sin tocar a sus esposas. Eso es como dejar de comer. La verdad, yo no puedo y me pregunto... ¿Cómo pueden tener a una mujer hermosa en su casa, ir a la cama con ella y no hacer nada?

Si me preguntan cuántas veces debo tener relaciones sexuales con mi esposa, mi recomendación seria que todos los días. Por supuesto, eso no puede ser posible por diferentes razones como la edad (más adelantito hablaremos al respecto); pero, si usted puede, yo le sugiero que por lo menos tres veces por semana hagan el amor.

El trabajo puede ser un impedimento para poder estar con mi esposa, también los niños, el estrés, el cansancio, una enfermedad; en fin, muchas son las causas, pero algunas como dije antes, no son más que una excusa para no hacerlo. Mas no tiene por qué ser así, tanto la esposa como el esposo si bien no están obligados a tener relaciones sexuales ante las situaciones mencionadas, sí tienen la responsabilidad de cumplir el deber conyugal.

Ninguna relación íntima podrá ser completa si antes no aprendemos a ser una sola carne. El matrimonio es más que acostarse y tener sexo. Pero es increíble ver matrimonios que lo que menos son es una sola carne; cada uno jala por su lado, lo mío es mío y nada más. He conocido matrimonios que no son más que la reunión de dos personas que han decidido vivir juntas para ayudarse en algunas áreas de la vida y nada más. A uno le toca pagar la luz y el teléfono, al otro le toca pagar el alquiler y el internet; se les ha olvidado que ya no son dos sino uno. Así, cuando las cosas ya no le parecen o no le convienen a uno de los dos o a los dos, simplemente buscan otra salida, otra pareja y así van por la vida.

Conocí un matrimonio, que no estoy seguro si le puedo llamar así, en el que la esposa llegó al aberrante grado de cobrarle a su esposo por tener relaciones sexuales, porque él no le daba suficiente para los gastos de la casa... Esa es una experiencia doblemente degradante. Para el esposo porque tiene que pagarle a su propia esposa por tener sexo, simple y sencillamente por no entender cuáles son las responsabilidades del esposo ante las necesidades de un hogar. Y para la esposa, peor aún, ya que con su actitud, por más que quiera justificarla, no hace más que ejercer la prostitución.

En mi hogar, desde el primer día que nos unimos con mi esposa, nunca se dijo esto es mío o tuyo; lo mío es de ella y lo de ella es mío. Somos tan unidos en todo, que estoy seguro que si yo estuviera muriendo, mi esposa haría la oración más poderosa del mundo para que resucitara.

Creo que no tanto por lo que me ama sino porque si me muero la dejaría endeudada... Es una mala broma, ¿verdad? Lo cierto es que entre nosotros no hay separación de nuestros bienes; mi preocupación es poner dinero en nuestra cuenta bancaria para que cuando ella tenga que solventar algunos gastos, no se tope con la sorpresa que no hay dinero para hacerlo... Bendigo a Dios por la esposa que me ha dado, y creo que en mi vida se ha cumplido el dicho de que tras de un hombre exitoso hay una gran mujer.

Concluyo con esto: si todo está bien dentro del matrimonio no tendrán problemas en sus relaciones sexuales, y es bueno que tengan esas relaciones frecuentemente.

Prepare el lugar

Muchas veces nuestras relaciones sexuales sufren por el hecho de que nuestro egoísmo no nos permite ver que así como a mí me gusta disfrutar de la relación, igualmente a mi pareja. Como una sola carne que somos, tenemos que buscar la forma para disfrutar los dos y para eso debemos dedicar tiempo para preparar el lugar del encuentro erótico.

Por lo regular nuestra recamara es ese lugar, aunque no siempre tiene que ser así. Algunas veces es necesario cambiar la comodidad de la cama por algo más atrevido, para romper la monotonía en las relaciones. Al hacerlo y con un poco de creatividad logramos elevar el libido y el erotismo en nuestra pareja.

Ay un innumerable lugares donde poder tener una buena relación sexual con nuestra pareja, mencionaré algunos lugares donde puede hacer el amor con su pareja, y que podrían ayudarle a estimular más esos momento románticos. Recuerde siempre que ambos tienen que estar de acuerdo y respetar la decisión de su pareja si no lo está.

La recámara. Me dirá el lector o lectora "pero allí lo hacemos siempre". Sí, pero tenemos que preparar la recámara para que se convierta en un rinconcito mágico.

El problema con la recamara es que las de muchos, lo que menos parecen es precisamente una recamara matrimonial y más parece cuarto de juegos de los niños. De pronto, en el momento más excitante, se escucha un grito de la esposa pero no es de placer... es que se le incrustó el carrito del niño en la espalda porque no tuvieron el cuidado de limpiar la cama antes de acostarse. Con esas condiciones la recamara lógicamente perderá su encanto.

Sin embargo, podemos poner unas velitas (una vez terminen apáguenlas para evitar un accidente), un poco de fragancia en el ambiente, música suave que podría ser de piano o saxofón, un buen baño, perfumarse ambos, una luz débil y si lo quiere roja... Esas condiciones los harán arder, quizás como ni siquiera tienen idea.

La cocina. Creo que no hay matrimonio en el que no haya sucedido que la esposa está cocinando y de pronto el esposo se acerca, surge la magia entre besos y caricias, ¿para qué perder ese momento mágico y correr para la recamara? Aparte a un lado las verduras, o, en serio, busquen un lugar y disfruten del momento.

La sala. Sucede que algunas veces los esposos están solos en la sala de la casa. Estamos viendo una película romántica (porque las noticias dudo que despierten deseo) y en ese momento las miradas se cruzan y lo que vemos nos recuerda algún momento especial de nuestras vidas... ¡No desperdicien esa oportunidad, aprovéchenla!

El baño. Siempre es gratificante para los esposos darse un bañito juntos. Además de ahorrar agua, experimentan un contacto sano y agradable que puede llevarlos al acto sexual. No importa cómo es el baño para que sea un sitio favorable para la relación, pero si el presupuesto alcanza, una remodelación es una buena inversión. Les recomiendo unas tinas con un sistema que semeja un jacuzzi, será algo inolvidable.

El auto. ¿Cuántos hombres no han tenido la fantasía de una relación sexual con la esposa en el carro? Es cierto que hay personas que dicen "somos cristianos, eso es inmoral"; pero, es casi seguro que esas mismas personas lo ha deseado y, algunos, lo ha hecho. No es inmoral, pero lógicamente es un acto íntimo, por eso es necesario un lugar adecuado; puede ser el patio de su casa o bien aprovechar un día que este lloviendo para hacerlo aparcados en la calle vacía... Aunque, la verdad, amigo lector, es que con lluvia en cualquier lugar es placentero.

En el patio de su casa. Aproveche una noche hermosa, estrellada; saque una sábana y extiéndala sobre la grama en el patio trasero de su casa y acuéstese en ella con su pareja... Le aseguro que la naturaleza hará el resto.

En un Hotel. Planifiquen los esposos un fin de semana en un hotel. No tiene que ser al otro lado del mundo, sino de acuerdo al presupuesto, incluso en la misma ciudad en que habitan. En todo caso, un buen consejo es que elijan un hotel con alberca y, les aseguro, pasarán momentos más inolvidables.

Así como los mencionados, hay muchos más lugares donde las parejas pueden tener una placentera relación: un avión, en tren, en un bosque, etc. Pero hay uno que quisiera recomendarle, no es muy caro y es inolvidable: un barco. Tomen juntos un crucero, disfruten de habitación, comida, jacuzzi, alberca, y, por supuesto, del amor y el erotismo.

El cambio de lugar para hacer el amor con su pareja evitará que su matrimonio caiga en la rutina.

Cuánto tiempo tiene que durar

Relacionada con el tema que estudiamos es recurrente la interrogante de cuánto tiempo tiene que durar una relación sexual. Muchos matrimonios sufren por esta incertidumbre, y de ellos también muchos terminan en separación por la misma causa, ya que este tema todavía es un tabú para muchas parejas; y, además, cuando se busca una respuesta, la información que generalmente se recibe no es la correcta.

A mi oficina han sido muchos los que han entrado con esta incertidumbre y gracias a Dios hemos encontrado una solución. Espero que si ese es su problema, en este libro pueda encontrar igual ayuda.

¿Cuánto tiempo es el correcto...? En realidad no existe un número mágico. En la mayoría de casos hay varios factores que determinan el tiempo que debe tomarse. Por ejemplo: la edad. Por naturaleza la resistencia de un joven no se comparara con la de un hombre mayor.

Recientemente salió un estudio de una universidad de Estados Unidos y Canadá sobre este tema y, aunque no secundo sus conclusiones, se las menciono. El estudio habla de cuatro categorías para medir el tiempo que debe tener una relación sexual y son:

"Adecuado" (de 3 a 7 minutos)

"Deseable" (de 7 a 13 minutos)

"Demasiado corto" (de 1 a 2 Minutos)

"Demasiado largo (de 10 a 30 Minutos).

¿Por qué no estoy de acuerdo? Personalmente podría mencionar varias razones, pero quiero poner una estoy seguro es innegable. En el capítulo 3 les comenté el caso de un hermano que se quejaba porque su esposa necesitaba 45 minutos para tener una relación placentera con él. ¿Se imaginan? Si las conclusiones del estudio fueran ciertas, tanto esta mujer como tantas otras como ella no podrían disfrutar de su derecho a gozar de un sexo placentero.

Mi recomendación, a pesar de lo que diga aquel estudio, es que el tiempo para una buena relación sexual es de una hora como mínimo. Incluso, si tomamos en cuenta que la mujer es multiorgásmica y que durante una relación sexual ella puede alcanzar hasta 5 orgasmos, y además necesitamos tiempo para caricias, juegos, dialogo erótico, etc., hasta una hora es insuficiente. El error del estudio es que se basa en el tiempo desde la penetración hasta la eyaculación, y no toma en cuenta las necesidades de la mujer. Eso no es correcto; ya dijimos que un hombre no necesita más de 2 minutos para eyacular, pero eso es egoísta y le niega a las esposas el disfrute de una buena relación sexual.

Por supuesto, no siempre tendrá que ser una hora. Hay circunstancias en las cuales el tiempo podría variar, como el horario de ir a la cama, el grado de cansancio y el estado de ánimo.

Déjeme darle un ejemplo comparativo que me puede ayudar a explicarle mejor... Usted llega a su casa y encuentra a su esposa preparando la cena y se tarda unos 40 minutos para tenerla lista. El resultado es favorable, usted comió y quedo satisfecho. Ahora bien, otro día llegó a casa pero por diferentes motivos su esposa no puede cocinar, entonces le prepara una sopita instantánea. Usted la toma y queda satisfecho en esa ocasión... ¡No le tomó 40 minutos sino solo 5! Como este ejemplo es el sexo. Un día tendrán un sexo intenso y prolongado y en otras ocasiones corto, pero ambos estarán de acuerdo y satisfechos. Una recomendación si quiero darle, no se acostumbre a muchas sopas porque eso daña la relación.

¿Por qué existe interés en cuánto debe durar una relación? Las dos razones principales tienen que ver con el hombre.

La eyaculación precoz. Está definida como la ausencia del control voluntario sobre el reflejo eyaculatorio.

Tuve la oportunidad de conocer una pareja que estaba a punto de divorciarse por este problema ya que la esposa apenas se está desvistiendo y él ya está eyaculando o lo hace pocos segundos después de la penetración. Esto es muy frustrante para el hombre y aún más para la mujer. Pero existen técnicas para mantener una erección más prolongada y retardar la eyaculación: ejercicios de respiración, mentales, preparación física, etc. Recuerde que el sexo está en un 100% en nuestra mente, si podemos controlar nuestros pensamientos juntamente con nuestra respiración los resultados serán favorables.

La eyaculación retardada. Según estudios este problema solo afecta a un bajo número de hombres, y en su mayoría se debe a problemas relacionados con medicamento que están tomando o problemas emocionales. Al hombre le cuesta mucho eyacular, y aunque para muchas mujeres esto no es un problema porque la erección prolongada les ayuda a gozar más la relación, cuando el problema dura por mucho tiempo puede causarles irritación en la vagina. Como consejo, trate que haya una buena lubricación y que sea natural, para evitar una incomodidad durante la relación.

¿Hasta qué edad puedo tener relaciones sexuales?

Termino este capítulo respondiendo esta interrogante. Está comprobado que el hombre puede tener relaciones sexuales sin problemas hasta los 85 años y no solo relaciones sino también tener hijos. Por lógica, un hombre de edad avanzada ya no mantendrá un mínimo de 3 relaciones semanales, quizá lo haga una o dos veces al mes, dependiendo de las condiciones físicas. En cambio para la mujer es diferente; después de los 50 años experimenta una considerable baja de apetito sexual... Pero, para ambos casos es válido un mismo consejo: cuide su salud, evite tomar medicamentos o antidepresivos y, sobretodo, recuerde que para gozar de una buena relación sexual el trabajo es de los dos y no solo de uno.

# El adulterio

Sin duda alguna el tema del adulterio tiene muchos matices. De hecho hay muchas personas que no pueden distinguir las diferencias entre el adulterio y la fornicación y creen que es lo mismo. Déjeme decirle, amigo lector, que no es así. El adulterio se produce cuando un hombre y una mujer están casados y voluntariamente deciden tener una relación sexual extra marital. La fornicación ocurre cuando un hombre o una mujer solteros se unen en una relación sexual. Si una persona soltera tiene relaciones sexuales con una que está casado, el primero comete fornicación y el otro, adulterio.

En 1983 surgió un estudio que sacudió a la iglesia. En él se comprobó que entre 7 y 8 % de matrimonios cristianos terminan en divorcio. Eso fue un escándalo en aquellos años y hoy en día casi el 75% terminan en separación, pero no se dice nada, como que fuera ya algo natural.

Sin embargo, dentro del pueblo cristiano el adulterio se define radicalmente como un pecado y se condena como tal... En lo personal no estoy muy de acuerdo con las consecuencias de esa apreciación. En realidad el adulterio es pecado y condenable delante de Dios y de la sociedad, pero no por eso vamos a minar nuestros matrimonios, negando la propia culpa para buscar la salida más fácil y echarle la culpa al diablo, al pecado en sí, o, decir que por ser débiles hemos caído en las garras del adulterio.

Muchos ministros hoy en día no tienen un conocimiento claro de lo que es la consejería familiar y mucho menos sexual. De tal manera que cuando una pareja llega con un problema de adulterio en su matrimonio, lo primero que hacen es decirle que han pecado; y condenan al esposo o a la esposa dependiendo quien cometió y adulterio. Pero, ¿qué pasa con nuestra responsabilidad conyugal? Nadie se levanta un buen día diciendo hoy voy a adulterar. Debemos estar conscientes que ese pecado se generó, la más de las veces, por los descuidos dentro del matrimonio.

Al margen de todo, no cabe duda que el adulterio es como un cáncer que silenciosamente entra y va caminando hasta destruir el amor, el cariño de nuestras parejas. Pero ese cáncer es alimentado por razones y motivos que nosotros mismos generamos. A algunos de esos motivos que pueden ser factores detonantes para que surja una infidelidad o adulterio, dedicaremos los siguientes párrafos.

Descuido personal

De pronto entra una hermana a mi oficina y lo primero que me dice es "pastor, mi esposo me quiere dejar". Cuando levanto mi vista y miro su apariencia, perdónenme hermanos,

El adulterio

pero no puedo evitar pensar que si yo fuera su esposo también quisiera dejarla.

Hay Iglesias donde por motivos doctrinales y versículos mal interpretados le impiden a las mujeres arreglarse, verse bien. Con eso lo que hacen es empezar a minar los cimientos de los matrimonios. La verdad es que Dios nos ha dado la sabiduría y la Biblia nos enseña que el mismo espíritu nos hace sentir lo que es desagradable ante Dios y nos redarguye. Tenemos que saber cómo vestirnos para nuestras parejas sin caer en la deshonestidad.

Muchas mujeres y hombres durante el noviazgo tienen un cuidado personal impecable, para los encuentros con el novio o la novia tratan de arreglarse lo mejor posible, un vestido bonito, una camisa elegante, bien peinaditas, un buen desodorante, se bañan, se ponen su perfume o colonia, y es porque anhelan estar al lado del novio o la novia no por un momento sino para toda la vida... Por eso nos casamos con esa persona y mi pregunta es, cuando las veo después ya casados, ¿qué pasó con aquel cuidado personal? Y es más triste esa situación en las iglesias donde dicen que hasta usar desodorante es pecado.

Por otro lado, se debe reconocer que hay mujeres que así como se levantan así las encuentra el esposo, hasta con piyama todavía, sin bañarse, sin peinarse. Y esto que digo vale también para los hombres que se presentan ante sus esposas descuidados, sucios, despeinados y malolientes...

Quiero por favor que sea sincero, ¿usted no cree que esto comience poco a poco a matar un matrimonio? En lo personal, si por alguna razón en el trascurso del día no tuve el tiempo para arreglarme (no de saco y corbata sino presentable) y se acerca el momento en que mi esposa llegue a casa, me doy, como se dice, una manita de gato aunque sea. Porque estoy seguro que si me encuentra desaliñado, aunque no me diga nada, en ella va muriendo la pasión que debería existir dentro del matrimonio. Como pueden ver, en este caso no hay ningún pecado que lleve al adulterio, pero sí hay un grave descuido.

El sobrepeso

Expresé en un capítulo anterior que cuando el hombre menosprecia a su mujer por estar gordita, debe tener cuidado ya que si a él no le gusta, a muchos otros sí les gustará. Sin embargo, eso no es motivo para que la esposa se descuide. Tanto ella como el esposo deben hacer ejercicio y cuidar lo que comen; los hombres deben dejar de culpar a la esposa por no estar igual que cuando se conocieron... El tiempo pasa y los hombres, como las mujeres, ya no seguimos iguales.

La falta de atención

¡Cuántas mujeres recuerdan su etapa del noviazgo como algo hermoso! El novio le llevaba flores, peluches, salían a comer; él le abría la puerta del carro, le decía palabras bonitas, le llamaba por teléfono todos los días, era un mundo de ensueños, y lo único que se quiere es estar junto a esa persona amada... ¿Pero, qué pasó? Una vez se casaron toda aquella atención quedó en la historia, y, contrario a lo que debía ser, en lugar de aumentar las atenciones disminuyeron y hasta desaparecieron. Pero no se rinda, usted puede volver a dar y recibir atención, recuerde el título de este libro, Matrimonio sólo por 24 horas, y no se ponga a pensar que tiene que ser atento el resto de su vida o por 20 o 30 años, propóngase ser atento un día y vera lo fácil que es.

No me considero un hombre perfecto, no pretendo que crea que tengo el matrimonio ideal y perfecto sobre la tierra, no... Pero día a día lucho por lograr que en mi matrimonio no falte sazón del día. Le mentiría si le digo que todos los días le doy flores a mi esposa, pero en casa tengo un jardín de rosas, cuando estoy haciendo jardinería corto una y se la doy cuando viene del trabajo. No gasté nada y ella lo sabe, pero esa acción vale mucho. Así mismo, nunca salimos de casa sin darnos un beso, y mi consejo es que usted nunca deje de hacerlo también; mucho menos cuando vayan a dormir, porque un día, Dios no lo quiera, ya no podremos hacerlo. Todos los días nos llamamos por teléfono, en el día mínimo 15 veces, le sigo abriendo la puerta del carro... En fin, ocuparía mucho espacio contarles todo lo que no hemos dejado de hacer para que nuestro amor perdure, y creo que hasta hoy podría decir ¡Ebenezer!, hasta aquí nos ha ayudado Jehová.

Las redes sociales

Actualmente el internet presenta variadas formas para encontrar a través de las redes sociales personas que puedan ocupar el espacio de la mujer o el hombre que descuida su matrimonio. De entrada estoy seguro que todo lo que esos medios ofrecen son cortinas de humo, algo irreal, tanto que en muchas ocasiones la persona con la que crees que estás compartiendo no es como se te presenta o ni siquiera existe.

Les cuento una experiencia: una tarde, mientras navegaba como muchos a través del ya muy conocido Facebook, me topé con una petición de oración de una hermana cristiana por su niña que sería intervenida quirúrgicamente. Como era parte de mis amistades le di seguimiento a su triste caso. Una semana después apareció en el muro general una nota de agradecimiento a Dios porque la niña había salido bien de la operación. Me alegre mucho, pero algo llamó poderosamente mi atención... Busqué el perfil de la madre y efectivamente la niña convaleciente era la misma, pero la madre era diferente. Una de las madres vivía en México y la otra en España.

Me quedé sorprendido y lo primero que pensé fue que alguien le había robado la identidad a la madre de la niña o que le habían hackeado, como dicen, su cuenta. Me contacté con ella y le hice ver lo que estaba pasando. Entonces mi sorpresa fue mayor; ella no se preocupó por lo que le dije, más bien me confirmó que las dos madres eran la misma persona, ella misma, y que tenía dos cuentas en Facebook. En una usaba fotos de otra muchacha más joven que ella, por cierto muy bonita, y usaba otro lenguaje, no el muy recatado de su página personal. Confundido le pregunte porque lo hacía...

"Pastor", me dijo, "perdóneme si lo he engañado, pero en esta página yo soy otra persona, aquí tengo la oportunidad de viajar por el mundo, decir todo lo que yo quiera y como quiera, jugar con los hombres que se creen todo lo que yo les digo, recibir los halagos muy hermosos que no recibo de mi esposo, vivir en la casa que yo quiera, tener el carro que guste, en realidad en esta página yo no me limito a nada y saco toda la frustración que tengo con mi esposo, olvidarme de mis problemas, de las necesidades que día a día enfrentamos en mi hogar, aquí yo tengo dinero, soy feliz, tengo un hogar hermoso, aunque una vez me salgo de la página o me desconecto del Facebook, enfrento mi realidad."

Es triste, queridos lectores, y mis oraciones han estado siempre con ella para que nuestro Dios le lleve la paz, el consuelo y la felicidad que tanto necesita en su matrimonio.

Es triste cuando una persona busca una fantasía porque no recibe la atención ni el cuidado adecuado de su esposo o esposa. Es triste y sumamente peligroso porque de esa forma le abrimos las puertas a Satanás para que juegue con nuestras vidas y destruya nuestros hogares por una simple ilusión. Porque el adulterio es eso, la ilusión de tener lo que no tenemos. La ilusión que destruye vidas, las de los esposos, de sus hijos, de los familiares. La sociedad, los hogares, incluso ministerios han sucumbido ante unos minutos de placer, de una eyaculación que no pasa de más de 30 segundos... Y si no se sabe salir de esa situación a tiempo, se puede llegar a un punto sin retorno en donde consecuencia de la infidelidad puede ser hasta la muerte.

"¿No sabéis que los injustos no heredarán el reino de Dios? No erréis; ni los fornicarios, ni los idólatras, ni los adúlteros, ni los afeminados, ni los que se echan con varones, ni los ladrones, ni los avaros, ni los borrachos, ni los maldicientes, ni los estafadores, heredarán el reino de Dios". 1-Cor. 6: 9-10

Antes de caer en las arenas movedizas del adulterio y no poder salir de allí, es mejor buscar las formas de seguir amando a ese hombre, a esa mujer que un día anhelamos tener en nuestros brazos por el resto de nuestras vidas. Aunque creamos que ya no se puede, Cristo sigue restaurando matrimonios y uniendo las familias.

Es posible enumerar otras razones que llevan a que un matrimonio caiga en las garras del adulterio, pero creo que uno de los más importantes es...

La insatisfacción sexual

De todas las parejas matrimoniales que he tenido la oportunidad de poder recibir en mi oficina para una terapia de parejas, el 95% coinciden en que la falta de satisfacción sexual en su relación es la causa de la infidelidad. También dijimos páginas atrás que entre las causas que contribuyen a la insatisfacción sexual está la rutina, que inevitablemente disminuye la frecuencia de relaciones sexuales.

Pues, bien, la mayoría de los hombres y algunas mujeres expresan que la falta de sexo es la causa de su infidelidad. La monótona rutina también puede llegar a la cama. La falta de creatividad, jaquecas constantes, la fatiga y los problemas de la vida cotidiana, una eyaculación precoz, no satisfacer a su pareja completamente, tener relaciones muy cortas, pueden afectar la vida íntima de una pareja. Pero, antes de terminar este capítulo, me quiero referir a una situación que sobresale entre esas causas: el embarazo.

Ante todo recordemos que no es algo de un par de días, son nueve meses en los cuales una pareja tiene que buscar la forma de mantener una relación sexual satisfactoria con su pareja en condiciones particulares. Recordemos también que en este caso no solo es el marido quien experimenta el repudio de su esposa, también hay esposos a quienes no les apetece tener sexo con su pareja en ese estado.

La realidad es que si un hombre no tiene relaciones sexuales con su esposa en esas condiciones, no sabe lo que él y ella se están perdiendo. Y para no perdérselo existen diferentes posiciones eróticas que les ayudarán a tener una relación placentera. La mayor lubricación de la mujer y una aún mejor sensibilidad ayudan a que la mujer pueda experimentar un orgasmo mucho más intenso. Aún más, si puede tener relaciones en la semana que dará a luz, hacerlo le ayudará a tener a su hijo más rápidamente y los dolores serán menos intensos.

Otra opción de la que quiero hablar, seguramente le parecerá inaceptable a algunas personas, y, aunque no comparto su criterio, están en su derecho a pensar así. El asunto es que cuando la mujer está embarazada, en algunas ocasiones y por motivos diferentes no siente el deseo de tener una relación sexual con su esposo; pero, como dije en un capítulo anterior, la embarazada es ella y no él... ¿Qué hacer en estos casos? ¿Complazco a mi pareja o le dejo la opción de buscar en otro lado lo que yo no quiero darle?

Muchos médicos aconsejan que, una vez lleguen a un acuerdo mutuo, entren en un contacto de caricias sin que haya una penetración; que ella tome en sus manos alguna crema, aceites especiales, o lubricantes y comience a estimular los órganos genitales (masturbación) de su pareja, para producir en ella un orgasmo sin necesidad de la penetración.

El libro a los Hebreos nos dice:

"Honroso sea en todos el matrimonio, y el lecho sin mancilla; pero a los fornicarios y a los adúlteros los juzgará Dios". Hebreos 13: 4

Todos sin excepción estamos expuestos a cometer una infidelidad, a caer en adulterio si no cuidamos de nuestras parejas y matrimonios. Pablo en su primera carta a los Corintios nos dice, "Así que, el que piensa estar firme, mire que no caiga." Y es que muchos se creen súper espirituales y cuando alguien es sorprendido en alguna falta de estas lo condenan, lo hacen pedazos y lo que menos permiten es que pueda encontrar el arrepentimiento. Y no es porque no exista, puesto que el segundo libro de Samuel nos revela como David se humillo delante de Dios por su pecado; y dice la escritura que Dios lo perdonó.

No quiero decir que se debe apoyar la infidelidad, sin duda es condenable, pero Cristo pagó por nuestros pecados en la cruz del Calvario.

El Señor le dijo al apóstol Pedro, en el libro de San Mateo, que el mismo infierno no tendría ningún poder para destruir la iglesia. Y esto el mismo diablo lo sabe, por eso usa todos los recursos para destruir la obra de Dios y uno de ellos es el adulterio. Son numerosos los matrimonios que han sido destruidos dentro de la iglesia misma. Llegaron buscando refugio para sus familias, buscado restaurar sus matrimonios, encontrar una salida a sus problemas y, como dicen, salió peor el remedio que la enfermedad.

El hecho de no llamar las cosas por su nombre ha causado muchas dificultades dentro de algunas congregaciones. En ellas no enseñamos consejería matrimonial, no le decimos al esposo y a la esposa cómo debe tratar a su cónyuge... ¿Por qué? Simplemente porque todavía consideramos la sexualidad un tabú o, en peores casos, por desconocimiento somos los que causamos los adulterios.

¡Cuántas mujeres han sido seducidas dentro de una iglesia, cuantos esposos no han abandonado sus familias por lo mismo! Esto no es nuevo, ha sucedido por años, pero ¿que hacemos los ministros para solucionar esos casos? Frecuentemente, nada. Pero la Biblia advierte al hombre de no caer en las garras del adulterio.

"Porque los labios de la mujer extraña destilan miel, Y su paladar es más blando que el aceite; Mas su fin es amargo como el ajenjo, Agudo como espada de dos filos.

Sus pies descienden a la muerte; Sus pasos conducen al Seol.

Sus caminos son inestables; no los conocerás, Si no considerares el camino de vida". Prov. 5: 3-6

Hermanos, amigos lectores y lectoras, no caigamos en esas trampas. Al principio, como dice la cita bíblica, todo parece dulce, hermoso, pero no nos engañemos; aun cuando se dice que el amor lo supera todo, las mieles del adulterio conducen directamente al infierno.

Para terminar este capítulo quiero decir que dentro de la iglesia he conocido hombres muy responsables dentro de sus hogares, y he comprobado que estos son codiciados por mujeres sin escrúpulos que por beneficios personales y comodidad financiera no les importa abandonar a sus esposos, destruir hogares y afectar la iglesia. Con los hombres que he mencionado quiero compartir un texto bíblico para que en vez de dar un paso a la destrucción de nuestro hogar y familia tratemos de amarlos cada día más.

"Para que te guarden de la mala mujer, De la blandura de la lengua de la mujer extraña.

No codicies su hermosura en tu corazón, Ni ella te prenda con sus ojos; Porque a causa de la mujer ramera el hombre es reducido a un bocado de pan; Y la mujer caza la preciosa alma del varón". Prov. 6: 24-26

No permitamos que una iglesia sea destruida o que se divida, ni que se destruya un matrimonio por una infidelidad.

10 - Un pequeño reino

Estamos a punto de concluir este libro y a usted, querido lector, que me ha acompañado hasta aquí, le agradezco. Ahora quiero compartir algunos puntos que le ayudaran tanto como a mí, para luchar día a día por tener u hogar feliz, sin olvidar que la familia es la base fundamental de una gran nación y un pequeño reino sobre la tierra.

No sé cuánto tiempo pasó, usted que me lee, buscando su media naranja, como se dice, esa persona con la cual piensa compartir el resto de su vida y quiere que todo sea perfecto... Pero la realidad no es perfecta y un día se da cuenta que su amado o amada ronca como no se imaginó, que habla dormido, que los pies huelen muy distinto al perfume que él usaba, pero esa es la realidad... ¡Bienvenidos al matrimonio!

Aquí le comparto diez puntos a considerar para lograr que nuestros hogares sean felices.

Comunicación

Es increíble como algunos matrimonios lo que menos hacen es platicar. Hoy en día ya ni por teléfono hablan muchas parejas, se mandan un mensaje de texto y ya está. La falta de comunicación impide decirle a nuestra pareja lo que nos gusta y lo que nos desagrada de él o ella. Pero nos enojamos porque nuestra pareja no nos comprende.

En mi vida familiar acostumbramos con mi esposa tener unos minutos para platicar en familia. Preparamos un cafecito, un té y hablamos del día a día. Y si tenemos que tocar un tema que consideramos no tienen que escuchar nuestros hijos, nos vamos a la oficina y allí tratamos el tema. En otras ocasiones utilizamos la mesa de billar y mientras platicamos jugamos; así mismo lo hacemos con nuestros hijos y la verdad, hasta el día de hoy, nos ha dado buenos resultados... Así que olvídense del tv, de la computadora, del Facebook y dedíquenle más tiempo a sus hijos y a su cónyuge.

Cuide sus palabras

Durante mis años de matrimonio he tenido el cuidado de pensar y saber lo que voy a decir antes de abrir la boca. Hasta el día de hoy no he ofendido con una sola palabra a mi esposa. Pero no desconozco que muchos hombres y mujeres dicen un montón de sandeces y ofenden a su cónyuge. Algunos hasta en público las avergüenzan y eso destruye un matrimonio. El Señor, hablando a los hombres, nos manda en su palabra que no seamos ásperos con ellas. *"Maridos, amad a vuestras mujeres, y no seáis ásperos con ellas"*. Col. 3: 19

Cuando un matrimonio ya tiene tiempo de convivir, tanto el esposo como la esposa llegan a saber exactamente lo que más le puede doler al otro. Eso es bueno, pero nunca use el conocimiento de la parte vulnerable de su pareja para lastimarla. Pues una vez se falten el respeto será imposible retirar las palabras ofensivas. Mejor respire profundo y cuente hasta diez; piensen ambos cuánto se aman antes de empezar una discusión. Lo mejor es que si van a salir de nuestros labios palabras, que estas sean de cariño, de estímulo, palabras amorosas; en fin, palabras que hagan sentir bien a su esposa o esposo.

Sea detallista

Sin duda alguna hay hombres "pan sin sal", como se dice popularmente. Son hombres que no se preocupan por hacer sentir bien a su pareja; si les regalan flores, lo hacen solo el día de la madre o en su cumpleaños, porque del aniversario de bodas por lo general ni se acuerdan. Esa actitud no contribuye a construir un matrimonio feliz. Es mejor que cuiden los detalles; salgan a comer a un restaurante de acuerdo a sus posibilidades económicas, esté atento al peinado y el vestido, que el hombre le abra la puerta del carro a su esposa (pero nunca cuando esté en marcha, por favor).

Por lo regular, siempre que ando de viaje suelo comprar alguna cosita para mi esposa; quizás en algunas ocasiones se me pasa la mano, pero creo que todo lo que usted pueda darle a su esposa es una buena inversión... Recuerde los primeros días, cuando se conocieron y el noviazgo, y vuelva a regalarle un osito de peluche. Tome también en cuenta que no estamos hablando de grandes regalos cada día, sino de pequeños detalles con los que vamos cada día recobrando la ilusión que poco a poco se ha ido perdiendo.

Apóyense

No es posible entender cómo pueden haber matrimonios en los que cada uno de los cónyuges solo busca su propio beneficio antes de buscar el de ambos. El objetivo del matrimonio debe ser la fusión de caracteres, que lleguen a ser uno y que se ayuden mutuamente. La mujer se sentirá protegida por su esposo y él se sentirá ayudado por su esposa, especialmente en la enfermedad y en los problemas.

Un consejo le doy: apoye siempre a su cónyuge, aunque parezca que no está muy claro en lo que quiere apóyelo (siempre y cuando no atente con la estabilidad del hogar). Si él quiere emprender algo, un negocio quizás, no lo desanime, y si todo resulta bien celebren juntos, si resultó mal no le recrimine nada; más bien abrácelo y dígale "no importa amor, el intento se hizo, ya verás en la próxima será mejor". O quizás viven en un apartamento y su pareja quiere comprar una casa..., nunca le diga yo creo que no vamos a poder pagarla; diga "si amor y será una muy grande".

El crecimiento del ministerio en el que estoy desde hace años es un ejemplo de esa dinámica de apoyo. Todo lo que hemos logrado ha sido gracias primeramente a la ayuda de Dios y luego con la ayuda de mi esposa. Hemos invertido miles de dólares en proyectos, algunos nos han salido a la perfección, otros no, pero siempre nos hemos mantenido unidos y apoyándonos. Por eso, únanse en todos los proyectos y locuras y verán que bonito es estar de acuerdo siempre... Tomen decisiones en pareja para el futuro, porque eso los ayudará a mantenerse juntos.

"¿Andarán dos juntos, si no estuvieren de acuerdo?"

Amós 3: 3

Perdonen

¿Quién no ha cometido alguna falta dentro del matrimonio? En numerosos casos esas faltas traen consecuencias catastróficas al matrimonio, pero pueden superarse si podemos perdonar.

"Pastor", me han dicho frecuentemente, "yo puedo perdonar a mi esposo, pero no olvido lo que me ha hecho". ¿Cree usted que eso es perdonar? ¿Qué es en realidad el perdón?

Perdonar significa disculpar a alguien que nos ha ofendido o no tener en cuenta su falta. En la biblia, la palabra griega que se traduce por "perdonar" significa literalmente "dejar pasar".

Sin embargo, el proceso del perdón requiere que sea cuidadoso. En algunas ocasiones buscamos el consejo de una tercera persona para decidir si podemos perdonar a nuestro cónyuge, y eso no es malo pero tenga mucho cuidado, pues en algunas ocasiones el remedio sale peor que la enfermedad. Es el caso que con frecuencia se presenta cuando la esposa, en la encrucijada de perdonar una infidelidad del esposo, pide un consejo y recibe el ya muy conocido, "págale igual tú también, para que sienta lo que se siente que le hagan a uno eso"... ¡Escogió al consejero equivocado! En vez de solucionar el problema creó otro... Si quiere el consejo de alguien recuerde que nadie es más sabio que nuestro Dios.

Pero como en este libro me atrevo, con Biblia en mano y mi propio testimonio, a dar consejos, le diré que si usted toma la determinación de perdonar a su esposo o esposa, debe estar claro que perdonar es olvidar. ¿Pero, se puede olvidar? Realmente no, o en todo caso es muy difícil, pero en este caso tome el olvido como un dejar pasar, ya no tome en cuenta el acto cometido y cuando venga a su mente la falta de su cónyuge muérdase la boca, pero no le recuerde su falta porque usted decidió perdonar... Considere cómo se sentiría usted si Dios le estuviera recordando día a día sus pecados, pero Él nunca más se acuerda de ellos. La verdad es que es muy gratificante ser perdonado y perdonar.

Hay parejas que en el transcurso del día se ofendieron, y cuando llega el momento de ir a descansar, en vez de platicar y pedir disculpas, se van a la cama con su malestar. Allí están de espaldas, no quieren ceder; uno estira el pie para tocarlo y el otro lo recoge, parecen niños berrinchudos. ¿No cree que ya estamos grandecitos? Mejor voltéese y dele un buen abrazo y un beso a su pareja. Solucionen el problema y duerman tranquilos, no cuesta nada. No sea de las personas que prefieren ganar un argumento aunque pierdan su matrimonio.

Por último, si es usted el perdonado, no vuelva a cometer los errores que lo llevaron a esa situación.

No cargue con el pasado

Tocamos un poco este punto anteriormente, y quiero recalcar que para que un matrimonio esté sano y sin ataduras, una de las cosas que tenemos que hacer es no venir arrastrando el pasado de ninguno de los dos. Si toma la determinación de perdonar alguna falta de su cónyuge, ese perdón tiene que ser radical.

Por ejemplo, si uno de los cónyuges había tenido relaciones maritales antes del matrimonio, el otro debe entender que eso fue antes de que se conocieran y por lo tanto no puede ni tiene porque afectar su relación. En el caso que de la relación anterior haya hijos, su pareja debe saberlo antes de casarse y ambos deben entender que los lazos del matrimonio los mantendrán atados por el resto de sus vidas. Entonces, lo mejor que podemos hacer es tomar la responsabilidad que eso requiere pero sin dejar que afecte nuestra relación actual. Nada de recordar o echar en cara lo que él o ella hizo antes, y si lo perdonaste debes tener claro que es un tema superado.

Compartan todo

En el capítulo 8 dijimos que cuando nos casamos ya no somos dos sino que venimos a ser uno. Pues creo que algunas personas no entienden eso y cometen el error de separar sus bienes personales, muchas veces mediante un acuerdo —que para mí no tiene sentido— firmado antes del matrimonio.

A propósito de este tema tengo una experiencia que compartir. Una tarde visitaba un matrimonio al cual le daba consejería matrimonial. La tarde era muy calurosa; estaba solo el esposo y comenzamos a platicar. A los pocos minutos me preguntó si quería algo de beber y le respondí que sí, que si tenía una soda sería genial. Cuando abrió la refrigeradora note que su interior estaba dividida en compartimentos; en uno de ellos habían sodas, sin embargo, mi anfitrión me pidió disculpas porque no tenía sodas y me ofreció jugo. Le dije que sí, que un vasito de jugo estaría bien.

Continuamos la plática y en un momento le dije, "disculpe, pero tengo curiosidad. Usted me dijo que no tiene sodas pero sin querer miré que había unas en el refrigerador"... "¡Ah, sí!", me respondió, "pero es que son de mi esposa. A ella no le gusta que yo tome nada de lo que ella compra y para evitar problemas mejor separamos cada quien lo que ha comprado".

Quizás ese caso parezca una aberración, pero es la realidad de muchos llamados matrimonios donde los cónyuges dividen todo, desde el alquiler hasta las bebidas... Eso, más que un matrimonio parece una sociedad de mutuo acuerdo comercial entre dos personas.

Por lo mismo, me parece delicado que algunos consejeros recomienden a los esposos que dividan los gastos para que no haya problemas, porque es con esa medida que surge el problema y todo por amor al dinero. Pablo en su primera carta a Timoteo le dice, no que el dinero sea malo sino que hay muchos que ponen su amor por él sobre otras cosas... Con mi esposa, hasta una tacita de café compartimos.

Sexo ardiente

He oído decir que las mejores batallas se ganan en la cama, y creo que tienen mucho de verdad esas palabras. Las relaciones sexuales dentro del matrimonio son indispensables para una buena estabilidad en la relación. Cuando ambos cónyuges están satisfechos sexualmente regularmente están también de buen humor, aumenta su capacidad para perdonar, encuentra más fácilmente soluciones y, en fin, surge como una magia en la pareja que les ayuda a enfrentar los problemas. Al contrario, cuando están insatisfechos surgen los problemas, están de mal humor, pelean por cualquier bobería y es solo cuestión de tiempo para que ese matrimonio termine en divorcio.

Por eso es necesario hacer que la llama de la pasión nunca muera. Y para que no muera, el acto sexual solo es insuficiente. Durante el día el esposo puede hacer una llamadita a su pareja para decirle algunos galanteos eróticos, mándele un mensaje de amor, una foto con mensaje romántico, si puede envíele un ramo de flores a su trabajo o a su casa, unos chocolatitos, en suma, prepare el ambiente para el momento especial... Cuando ya estén juntos no tenga prisa. Juegue con ella, bésela, susurre palabras tiernas a su oído mientras acaricia todo su cuerpo.

Tiempo

¿Ha escuchado ese dicho ya muy conocido "hay más tiempo que vida"? Bueno, hoy en día tiempo es lo que menos se tiene, basta mirar a nuestro alrededor, todo mundo anda corriendo de un lado para otro.

Esta falta de tiempo ha venido a dañar mucho las relaciones matrimoniales. Pero la verdad que el verdadero problema no es la falta de tiempo, si no saber administrarlo. Porque los hombres no podemos hablar con nuestras esposas porque no tenemos tiempo, pero pasamos horas hablando con los amigos; no tenemos tiempo para la esposa y nuestros hijos pero sí para perder horas en Facebook incluso hasta la madrugada, y también las madres cometen estas fallas. Esposos y esposas pasan horas frente a una computadora, pero les aburre pasar 5 minutos con su pareja... ¿Qué hacer para que eso cambie?

No se usted, pero cuando yo andaba de novio con mi esposa anhelaba hablar con ella. Platicábamos durante más de una hora y al final de la conversación ya ni sabíamos de lo que habíamos hablado. Yo me moría por estar a su lado, al grado que estuve a punto de perder la vida por solo el hecho de querer verla para platicar por unos minutos. Ella vivía en el sur centro de Los Ángeles, una zona mayormente habitada por personas afroamericanas y en tres ocasiones me siguieron para golpearme o asaltarme; pero, por más que mi novia me pedía que no fuera por lo peligroso que era, no me importaba arriesgar mi vida por estar a su lado y hablar con ella.

Estoy seguro que esa situación la hemos vivido la mayoría de los hombres. Sin embargo, ya casados no pasan más tiempo juntos; se murió la magia en las garras de la rutina y en el trajín de este mundo, pero no todo está perdido, todavía hay tiempo para rescatar nuestra relación. Eclesiastés en el capítulo 3 nos dice que para todo hay tiempo, ¿entonces por qué no lo tenemos? Porque no lo hacemos, porque no nos preocupamos por compartir más tiempo con nuestros cónyuges e hijos. Por eso, le diré algunas cosas sencillas que se pueden hacer con el tiempo compartido.

Cine

Vaya una noche al cine con su esposa, los dos solamente en algunas ocasiones y con los hijos en otras. Es muy importante que sepamos separar esos momentos como pareja y como familia. Si la economía no está muy buena no gasten mucho, renten una película y la miran en familia. Participen todos los de la familia, que uno haga las palomitas de maíz, otro que sirva los refrescos, que cada uno ponga su granito de arena para compartir un tiempo de diversión familiar.

Parque

Uno de los lugares favoritos cuando andamos de novios son los parques. Bueno pues, reavivemos los placeres de los parques, sentémonos nuevamente unos minutos en la grama, compartamos una paleta, caminemos agarrados de la mano..., y no digan una sola palabra, solo dejen que el viento acaricie sus rostros.

Playa

Vayan una noche a la playa y caminen descalzos sobre la arena. Aprecien el cielo estrellado, contemplen juntos la luna, tomen un tiempo para abrazarse, besarse y no separarse por unos cuantos minutos.

Restaurante

Vayan a cenar una noche. No tiene que ser un día especial, ni tienen que estar celebrando nada. Simplemente salgan a cenar y traten que sea en un restaurante romántico; busquen una mesa en un lugar discreto donde sea posible darle un par de besos a su esposa, de tocarla y mirarla tiernamente. Dígale cuánto le agradece a Dios por haberla puesto en su camino.

Cena familiar

Compartan una cena familiar. Dejen que sus hijos vean cuanto se aman, y les ayudarán para que tengan una visión estimulante del matrimonio.

¿Recuerda que anteriormente les comenté que uno de los mejores ejemplos que he tenido de un matrimonio fue el de mis padres? Ahora quiero comentarles que mi hijo mayor me ha dicho que el día que tenga su hogar quiere que sea como el nuestro... Eso es un orgullo para mí como padre y como esposo.

Vacaciones

Por ultimo quiero decirle que para pasar tiempo juntos no es necesario gastar mucho dinero. Busque cualquier ocasión o excusa para estar con su familia, planifiquen reuniones familiares en casa, o hagan un día especial para que nadie de la familia adquiera compromisos y cenen juntos. Además, quiero recomendarles que tomen vacaciones familiares.

Eviten un tercero

Bien, por último quiero terminar este capítulo diciéndole que evite por todos los medios que una tercera persona venga a formar parte de su matrimonio. No permita a nadie que interfiera en su hogar; ni familiares suyos ni de su pareja. Todos anhelamos un hogar feliz, pero lamentablemente muchas veces la interferencia de quienes no forman parte del núcleo familiar frustran el anhelo de felicidad y dolorosamente los más afectados suelen ser los hijos... Pero le aseguro que con Cristo en nuestras vidas y hogar, sí tendremos un matrimonio y un hogar feliz.

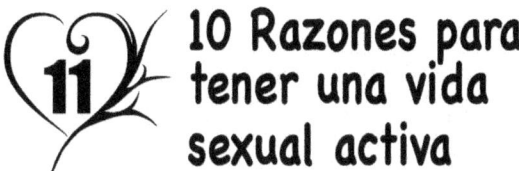

10 Razones para tener una vida sexual activa

Sin duda alguna el Dios al cual servimos es un Dios perfecto. Desde el principio de la creación estuvo en los planes de nuestro Dios la sexualidad. Ya hemos dicho que el pecado de Adán y Eva en el huerto del Edén no fue la relación sexual sino la desobediencia, que hasta en la actualidad es un pecado delante de Dios.

La función principal de la sexualidad creada por Dios es la reproducción, sin embargo, el sexo también influye en otras áreas de la vida. En este capítulo, último del libro, describiré brevemente 10 beneficios que produce tener relaciones sexuales sanas y con regularidad. Antes, quiero aclarar que, contrario a lo que opinan algunos, para obtener los beneficios del sexo no es necesario tener relaciones todos los días. En realidad, los estudios han comprobado que 3 o 4 relaciones a la semana pueden dar beneficios en un 100%.

Por si alguien todavía duda de la importancia del sexo, estás 10 razones para tener un sexo benéfico le mostrarán que el sexo es de gran ayuda para la salud física y emocional de cada ser humano.

Razón 1: Mejora la autoestima

La baja autoestima afecta en su mayoría a las mujeres; estas tienden a pensar de una forma negativa de sí mismas. El sobrepeso, la discriminación, el fracaso en una relación, son algunos factores de su baja autoestima. También lo puede ser, y con mucha fuerza, la violación que deja en muchas mujeres el sentimiento que nadie podrá amarlas. Incluso los padres pueden contribuir a este problema cuando atacan la autoestima de sus hijos porque no son lo que ellos querían. Como esas, existen otras razones por las cuales una persona puede tener una baja autoestima... ¿Pero sabe usted que el sexo puede ayudarle a elevar su autoestima?

Resulta que el bienestar anímico se produce en la medida que una persona pueda dar y recibir placer, que haya atracción mutua con su pareja y satisfagan las expectativas sexuales. En ese sentido el sexo nos hace sentir mejor con nosotros mismos, nos hace ver "más" lindos y deseados, nos tranquiliza, y nos produce felicidad sin tener que estar tomando medicamentos antidepresivos. El sexo nos hace disfrutar sin sufrir efectos secundarios.

Este es uno de los más destacables beneficios que la práctica sexual brinda a los individuos. Se sabe que las personas que tienen relaciones sexuales a menudo, se sienten más a gusto con su cuerpo, se muestran más confiadas y seguras de sí mismas.

Razón 2: Mejora la relación de pareja

Para todos es conocido como una pareja con el tiempo viene a perder el interés en la relación matrimonial, en gran medida porque caemos en la rutina y no solo en la intimidad sino también en nuestro diario vivir. El trabajo, la falta de tiempo, el trajín del hogar, el cuidado de los niños son rutinas que sin darnos cuenta nos llevan a perder el interés de sentir que somos amados y que también podemos amar.

Esto tiene una explicación psicofísica en la perdida de oxitocina, una hormona que ayuda a la mujer a reafirmar su sexualidad. Pues bien, está demostrado que una vida sexual activa incrementa los niveles de oxitocina, que aumenta la atracción sexual y los sentimientos de afecto hacia la pareja... ¿No has sentido después de un orgasmo que amas más a tu pareja o que la vida te sonríe? Esa es la oxitocina.

Usted mismo puede comprobarlo, basta que observe a su cónyuge el día siguiente de una grata relación y verá que amanece más radiante y feliz; se despierta saludando a todo mundo y en todo momento o lugar lleva en su rostro el reflejo la satisfacción por sentirse querida y respetada por su pareja. Y como esto es algo que experimenta tanto el hombre como la mujer, es lógico que la relación sexual mejore todos los ámbitos del matrimonio... ¿Quiere un hogar estable y feliz...? Mantenga entonces relaciones sexuales sanas y frecuentes con su cónyuge.

Razón 3: Previene enfermedades

Para nadie es desconocido que uno de los problemas más serios que enfrentamos en Estados Unidos es el de la asistencia médica; más si usted no tiene un seguro médico. Enfermarse es un lujo y un riesgo, tanto que cuando nos empezamos a sentir mal terminamos enfermándonos del todo, y yo creo que es más por pensar en lo caro de la asistencia médica que por la enfermedad del cuerpo.

El hecho es, que conforme pasa el tiempo disminuyen las defensas que por naturaleza nuestro cuerpo va renovando día a día, de allí que para reponerlas terminemos consumiendo suplementos químicos que muchas veces tienen efectos secundarios destructivos para nuestro organismo... Pero hay buenas noticias para usted: tener sexo en forma regular (1 o 2 veces a la semana) estimula y fortalece el sistema inmunológico y disminuyen las probabilidades de contraer enfermedades como la gripe o el resfriado común. Cuando tenemos relaciones sexuales nuestro organismo entra en una revolución química que fortalece el sistema inmunológico mejorando la función de los linfocitos, células blancas ligadas a la defensa contras las enfermedades.

Así que ya no se excuse en el famoso dolor de cabeza para no tener sexo. Si su esposa o su esposo le pone esa excusa, dígale "vamos a la cama que ahorita te lo quito"...

Parece broma pero es cierto, si quiere estar sano tenga sexo 1 o 2 veces por semana.

Razón 4: Mejora tu circulación sanguínea

Las enfermedades cardiovasculares son la principal causa de muertes en todo el mundo. Cada año mueren más personas por problemas del corazón que por cualquier otra causa. Según algunos estudios en el 2012 murieron por esta causa 17,5 millones de personas, lo cual representa un 31% de todas las muertes registradas a nivel mundial.

La mayoría de las enfermedades cardiovasculares pueden prevenirse cuando actuamos a tiempo, y esto lo podemos hacer evitando el consumo de tabaco, alcohol y drogas, así como realizando una adecuada actividad física y evitando la obesidad... También pueden prevenirse con una práctica sexual sana.

El sexo estimula la actividad de varios órganos del cuerpo, incluyendo el corazón. Según un estudio de la Universidad Queens tener sexo dos o más veces por semana reduce a la mitad el riesgo de un ataque cardíaco, en comparación con quienes tienen sexo una vez al mes.

El sexo es como un ejercicio físico, como salir a caminar o a correr. Durante el acto sexual aumentan de 70 a 150 las pulsaciones por minuto. Tener sexo por lo menos dos veces por semanas te harán perder 600 calorías y mantenerte en forma.

Tener relaciones sexuales con regularidad produce contracciones musculares en diversas partes del cuerpo como la pelvis, los muslos, los glúteos, los brazos, el cuello y el tórax. La actividad sexual también aumenta la producción de la testosterona que ayuda a fortalecer los huesos y los músculos. Un beneficio más: tener relaciones sexuales con regularidad favorece la vasodilatación y la liberación de óxido nítrico, y esto beneficia a su vez las arterias del corazón.

Razón 5: Preserva la función orgánica de los genitales

Para todos es conocido que los órganos reproductivos del hombre y la mujer son distintos y cada uno fue creado para una función específica. En esta ocasión me referiré específicamente al órgano reproductivo del hombre, su pene. Este tiene una doble función; cuando está en estado de flacidez sirve para conducir la orina hacia el exterior; cuando está en un estado de erección puede penetrar en la vagina durante el coito y transportar el semen hacia el exterior, acto conocido como eyaculación.

Pero en lo que quiero hacer énfasis primordialmente es que estudios médicos manifiestan que su inactividad puede producir en el hombre tanto disfunción como eyaculación precoz. Es decir que si no tenemos relaciones sexuales con regularidad, el pene está expuesto a no poder mantener una erección prolongada y/o eyacular en segundos... Tomemos en cuenta que el pene es un músculo y como tal necesita ejercitarse así como se ejercita un brazo o una pierna.

El tener sexo dos veces por semana como mínimo ayuda a tener un mejor control de nuestras erecciones por más tiempo, dándonos así la oportunidad de satisfacer a nuestra pareja y de ayudarle a tener orgasmos intensos y prolongados.

Otro de los beneficios es que podemos evitar el cáncer de próstata. Los desórdenes prostáticos son el resultado de las secreciones de la glándula y la actividad sexual con regularidad ayuda a eliminar dichas secreciones. De acuerdo con algunos estudios médicos, eyacular frecuentemente puede servir para reducir los riesgos de sufrir de cáncer de la próstata. De allí el consejo de algunos médicos a los hombres que por alguna razón no puede tener una vida sexual activa, para que se masturben con el objetivo de expulsar las secreciones que alimentan el riesgo de un cáncer de próstata.

Yo les aconsejaría, aunque algunos médicos consideran saludable la masturbación, que trataran de evitarla. No porque sea malo o bueno, sino porque cuando el hombre se masturba ejerce con su mano una presión en el pene que normalmente la vagina no hace. Además, la auto masturbación dentro del matrimonio pone en riesgo la vida sexual de la pareja, pues resta al hombre tiempo y potencia que podría emplear en la práctica sexual con su esposa.

Pero lo concreto es que si un hombre tiene por lo menos unas 21 eyaculaciones por mes, su riesgo de contraer cáncer es menor que el de aquellos que solo tienen 4 o 7. Además la frecuencia ayuda a mantener una buena circulación sanguínea y la estructura muscular del pene.

Razón 6: Le ayuda a dormir mejor

¿Qué es el Insomnio? Según el diccionario es la falta anormal de sueño y dificultad para conciliarlo que se sufre en el momento en que corresponde dormir.

Esto es un problema para miles de personas que tienen que auto medicarse para poder dormir aunque sea un par de horas. Además del sueño excesivo y la falta de energía que el insomnio causa durante el día, también puede hacer que la persona se sienta angustiada, deprimida e irritable. El insomnio disminuye la capacidad de concentrarse en las tareas, de prestar atención, aprender y acordarse de cosas. Estos problemas, naturalmente, pueden impedirles el desempeño óptimo en el trabajo o los estudios a las personas que los padecen.

¿Ayuda el sexo a solucionar el problema del insomnio? Simplemente sí. Quien han tenido la experiencia de una noche gratificante con su pareja sabe que después del orgasmo el cuerpo y la mente quedan inmensamente relajados.

Los estudios confirman lo dicho y aseguran que tener relaciones sexuales por lo menos dos veces a la semana ayuda a combatir el insomnio. La liberación de la hormona oxitocina ayuda a combatir el sueño de una forma natural. Además mejora nuestra calidad de sueño y está asociada a una vida más saludable y a la mejoría de algunos síntomas físicos como la presión sanguínea que el sexo ayuda a regular. Por eso, esposas, no se enojen cuando su esposo después de tener una relación sexual se duerme, ya que el orgasmo es catalogado como un colinérgico, endorfínico (sedante y analgésico) y relajante... ¿Sabe que estas hormonas se encuentran en la lecha materna? Así es, y ellas provocan sueño en el niño luego de ser amamantado. Digamos además que los efectos mencionados se producen también en la mujer. A los dos, pues, la relación sexual les induce al sueño y les ayuda a dormir de forma más profunda y reponedora.

Le aconsejo que si usted tiene un problema serio de insomnio consulte con su médico. Pero también le aconsejo que, en vez de ponerse a contar ovejitas, pruebe el tener una buena relación sexual con su pareja, no pierde nada y si resulta, felicidades... Descanse y felices sueños.

Razón 7: Mantiene el deseo

Uno de los problemas más serios que el hombre y la mujer experimentan es la falta del deseo sexual, y en este caso también son muchos los factores que intervienen. Sin embargo, es el hombre el que lleva la mayor responsabilidad de mantener una relación sexual placentera con su pareja, pese a que le es muy difícil hacerlo porque muchos no han entendido que la sexualidad está conforme con la naturaleza.

Pero bueno, ¿qué causa la disminución del deseo sexual? La disminución y ausencia de la hormona llamada testosterona es la causante de este problema. Pero no se alarme porque hay una solución: tener relaciones sexuales con más regularidad.

La pregunta es: ¿Cómo puede tener relaciones con regularidad si no me dan ganas? Es necesario que tome en cuenta algunos hechos. Por ejemplo, muchos hombres olvidan que el sexo no es solo la penetración y la eyaculación, comprende muchas cosas más y nuestra mente juega un papel muy importante. Por eso son importantes tener momentos románticos antes de la relación sexual, que motive al cerebro a descubrir que hay tras esa falda ajustadita que trae puesta su esposa. Sucede así que en muchas ocasiones no tenemos el deseo de tener una relación sexual, pero tenemos que hacer un esfuerzo y los juegos eróticos ayudan a despertar el deseo. Las relaciones sexuales a menudo generan el equilibrio de la testosterona motivando el deseo sexual en la pareja.

La falta de deseo sexual no significa necesariamente que ya murió el amor o que tu pareja no te despierta el deseo, sino, como dejamos dicho, está relacionado con una baja de testosterona. ¿Por qué ocurre esa baja?

Varias circunstancias pueden hacer descender la testosterona: el consumo de bebidas alcohólicas en exceso, sobrepeso, ropa interior muy ajustada que caliente los testículos o, igual, los baños con agua muy caliente pueden reducir la producción de testosterona. Por eso lo mejor es que use ropa más cómoda, duerma con regularidad un mínimo 6 horas, practique ejercicios con regularidad (por lo menos unas 4 veces por semana). Con esas actividades usted generará mayor cantidad de testosterona, y, por supuesto, no olvide el coqueteo como una forma más de estimular en su pareja el deseo sexual.

Razón 8: Regula el estrés

Hoy en día una de las palabras más mencionadas dentro del trabajo, hogar, iglesia y aun en la intimidad es el estrés. Una palabra que no recuerdo haber escuchado en mi niñez, pero que hoy es común escuchar en boca de todos. "No aguanto el estrés", dicen los jovencitos; los profesores mandan a llamar a los padres diciéndoles que su hijo está muy estresado.

Le digo que en mis tiempos con una buena garroteada me hubieran quitado mis padres el estrés sin necesidad de buscar un tratamiento médico. Pero los tiempos cambian... ¿Qué es según los médicos el estrés?

Es un estado de cansancio mental provocado por la exigencia de un rendimiento muy superior al normal; suele provocar diversos trastornos físicos y mentales.

Muchas personas no pueden lidiar con el estrés y esto les causa serios problemas personales, que a la larga dañan las relaciones sexuales de la pareja. Es común escuchar, ya sea al hombre o la mujer; decir que no quieren tener sexo con su cónyuge porque están estresados por el trabajo, por estar todo el día en casa o por atender a los niños. Cualquiera que sea la razón, el estrés causa efectos negativos en nuestra vida diaria; nos mantiene tensos, irritables, faltos de energía y ataca todos los aspectos de la vida incluyendo el sexual. Pero, irónicamente y para bien, es justamente el sexo una de las mejores formas de combatir el estrés, debido a sus efectos en nuestro cerebro y al enorme placer que nos genera a nivel personal y de pareja... Disfrutar del sexo es una señal de que no hay altos niveles de ansiedad.

Se ha comprobado que el sexo es una de las mejores actividades para combatir el estrés, pues en el acto sexual quemamos calorías lo cual ayuda a nuestro sistema cardiovascular regulando nuestra salud. Recordemos también que durante el orgasmo nuestro cuerpo genera endorfinas, lo que mejora nuestro sentido del humor y despierta la felicidad que combate a la depresión evitando así el estrés.

Eso sí, debemos entender que el sexo no es una palabra mágica para quitar el estrés. Para que sea así, al momento de tener intimidad con nuestra pareja debemos olvidarnos de todos nuestros problemas. Tome tiempo para complacer a su pareja, tengas juegos y pláticas eróticas, eviten antes de toda relación sexual platicar de los problemas que pudieran estar atravesando.

Razón 9: Ayuda a regular el ciclo menstrual

En páginas anteriores concluimos que es bueno tener relaciones sexuales durante el periodo menstrual de la mujer y que es necesario el consentimiento de la esposa para hacerlo. En este apartado abordaremos el ciclo menstrual desde otra perspectiva. Una perspectiva que alegrará a hombres y mujeres, y es que las relaciones sexuales ayudan a la mujer a regular su periodo menstrual.

Recuerde que tener relaciones sexuales en el periodo menstrual de la mujer es generalmente incómodo para ella, aunque se ha comprobado que tener relaciones sexuales durante el periodo menstrual es más beneficioso para la mujer, ya que tiene mayor sensibilidad en las áreas pélvicas y genitales que le permiten una mayor excitación y experimentar orgasmos más intensos.

Pero sabemos que hay mujeres que tienen problemas con su ciclo menstrual debido a que se les presenta de manera irregular, alocada podría decirse. En esos casos, tener relaciones sexuales por lo menos una vez por semana ayuda a estabilizar el periodo menstrual de la mujer.

Para concluir con este tema quiero recalcar que, aunque para muchas mujeres tener relaciones sexuales durante su periodo menstrual todavía es tabú, la realidad es que durante esos días siente un mayor deseo. Además, los investigadores han descubierto que el sexo durante ese período del mes es muy beneficioso para la mujer. Incluso el dolor, que es muy común y natural durante el ciclo menstrual, es disminuido considerablemente por la práctica sexual adecuada. De hecho, investigaciones científicas revelan que el coito durante estos días disminuye la inflamación y los dolores menstruales, además de resultar muy placentero para la mayor parte de las mujeres debido a la buena lubricación.

Generalmente el periodo menstrual y el embarazo en la mujer generan dificultades dentro del matrimonio debido a la falta de actividad sexual. Mas yo creo que esto es resultado más de la ignorancia y falta de comunicación con nuestra pareja. Los dos estados (embarazo y menstruación) no tienen por qué causar problemas ya que ambos son beneficiosos para el hombre y la mujer... Los importante en esos días no es privarse del sexo, sino más bien hablar de cómo y cuándo hacerlo para que los dos disfruten de una relación sexual placentera.

Razón 10: Aumenta la expectativa de vida

Durante años el ser humano ha querido encontrar la fuente de la juventud, ha tratado por todos los medio de encontrar la fórmula mágica para mantenerse siempre joven y a la misma vez tener una larga vida. Los cirujanos plásticos son de los más beneficiados por ese deseo, como lo demuestran las cirugías a las que se someten hombres y mujeres que no quieren enfrentar la realidad ni entender que la vejez es algo natural que todos tenemos que enfrentar un día.

Incontables cremas, dietas y suplementos salen cada día al mercado con la intención, generalmente frustrada, de que las personas encuentren la forma de mantenerse jóvenes, sanos y con la expectativa de una larga vida... ¡Ya no busque más ni siga tirando su dinero! El remedio natural está al alcance de sus manos y sin necesidad de gastar un solo centavo: tenga relaciones sexuales. Es comprobado que una vida sexual activa incrementa la expectativa de vida, y como también la actividad sexual ayuda a evitar muchas enfermedades y nos proporciona una mejor salud, la vida no solo será más larga sino también más saludable.

La Universidad de Irlanda realizo un estudio con 1000 personas de una misma edad y condiciones de salud, y descubrió que aquellas personas que tuvieron una mayor cantidad de orgasmos vivieron un promedio de entre 10 y 15 años más que aquellos que tenían sexo solo esporádicamente.

Tener relaciones sexuales por lo menos tres veces por semana producen una gran cantidad de estrógenos y de una hormona promotora de juventud conocida por sus siglas en inglés como DHEA, que brinda suavidad en la piel y brillo al cabello. Durante la relación sexual se produce una transpiración que es el mecanismo natural de la piel para eliminar las impurezas de nuestra piel a la misma vez que abre nuestros poros.

Eso sí, recordemos de nuevo que el sexo no es mágico y que nos corresponde a nosotros poner de nuestra parte.

Haga ejercicio, practique alguna actividad física por lo menos tres veces por semana durante 30 minutos a una hora, coma saludable, mantenga una dieta balanceada... Personalmente no creo que una cosa sea buena y otra mala, pero sí creo que los malos son los excesos. Dice la Biblia que todo lo que Dios creo es bueno y bueno en gran manera, así que duerma bien y procure que su sueño sea placentero.

Quiero terminar con una última recomendación que en lo personal creo muy buena para ponerla en práctica: ¡Jamás se considere viejo! Solo recuerde que el hombre puede tener vida sexual activa hasta los 85 años aproximadamente. Piense que podemos cumplir años, que es una gran bendición de Dios, pero no envejecer. Yo diría que no es necesario, como hacen muchos, pintarse las canas; en mi opinión es una forma de ocultar una realidad. Piense más bien que se dice que las canas hacen al hombre más interesante... Haga como el hombre que cuando le decían viejo respondía "viejos son los cerros y todavía reverdecen"... Y si usted es de los que piensan que sus años mozos terminaron, yo le tengo buenas noticias. Mire lo que nos dice la Biblia en el libro de los salmos...

"Aun en la vejez fructificarán; Estarán vigorosos y verdes, Para anunciar que Jehová mi fortaleza es recto, Y que en él no hay injusticia". Salmos 92: 14-15.

Epílogo

Queridos lectores y lectoras, hemos llegado al final de nuestro camino a través de cada una de las páginas de este libro. Uno de nuestros anhelos es que, si no todo, por lo menos una parte del libro te ayude en tu relación matrimonial, y que puedas cambiar algo importante dentro de tu matrimonio.

En realidad no hemos hablado nada del otro mundo. Creo posible que la mayoría de mis lectores ya tenían conocimiento de cada uno de los temas que hemos tratado. Pero tanto a ellos como a quienes no tenían conocimiento previo, quiero decirles que la eficacia de lo contenido en el libro no es saber o conocer porque sí, sino ponerlo en práctica.

Por diferentes razones culturales y religiosas el tema sexual se considera pecaminoso, es un tabú que no se puede ni pensar mucho menos conversar con nuestras parejas o nuestros hijos. En algunas ocasiones la iglesia o mejor dicho el ministro de la iglesia prohíbe según su criterio y no conforme a la palabra de Dios... Prohibir a los matrimonios que busquen su placer sexual citando inmoralidades sexuales o ciertas libertades y métodos que podrían generar en el matrimonio el placer sexual de ambos y no solo del hombre, es una aberración que atenta contra la estabilidad de los matrimonios.

Dentro de todo, el problema más serio referente a este tema es que quienes te dicen "no lo hagas" son casi siempre los que lo hacen... pero a escondidas. Por eso este libro no te ayudara en nada si tú no tomas la iniciativa; debes tomar la responsabilidad de velar por tu matrimonio, con la seguridad que la misma Biblia confirma la libertad que Dios te da dentro del matrimonio, a la vez que condena cuando nosotros tenemos relaciones sexuales con alguien que no es nuestra esposa.

"Como cierva amada y graciosa gacela. Sus caricias (pechos) te satisfagan en todo tiempo, Y en su amor recréate siempre". Proverbios 5: 19

Lee todo este capítulo de proverbios y comprenderás la diferencia entre tener relaciones sexuales con tu esposa y con una extraña.

El matrimonio, lo dije antes, no viene con un manual que nos indique como tenemos que dirigirlo. Somos nosotros quienes podemos hacer de nuestro matrimonio un paraíso o un infierno, que dure para unos meses, años o hasta que la muerte nos separe. Todos los puntos que se han tocado en este libro son muy importantes para la estabilidad y felicidad

Epílogo

de un hogar y para eso no hay nada mejor que la comunicación. La crisis en el matrimonio se origina en múltiples veces por una defectuosa comunicación. La crisis en sí misma supone una ruptura de la comunicación, y dicha ruptura se manifiesta de forma abierta cuando el trato y el diálogo dejan de existir.

Pero no se me asuste, amigo lector, pasar por la incomunicación es muy normal en los matrimonios. Lo fundamental es que los momentos de desacuerdo conyugal sean transitorios y leves, lo cual es posible solo gracias a la buena voluntad de los cónyuges.

Analicen cada uno de los puntos que hemos tratado en este libro y conversen. Si en alguno están fallando, traten de solucionarlo juntos. Si hay alguno que no han perfeccionado, perfecciónenlo; si otro es desconocido y hasta muy atrevido, pues practíquenlo con mutuo consentimiento y si no les gusto, no lo hagan, pero si sintieron que encontraron algo nuevo y satisfactorio disfrútenlo.

Quiero terminar bendiciendo a cada uno los matrimonios que tuvieron a bien leer este libro. Es nuestro deseo y oración que nuestro Dios en su infinita misericordia nos ayude a poder conservar nuestros matrimonios llenos de felicidad y que un día nos podamos sentar con nuestra esposa o esposo, ya en la vejez, a recordar cada una de las locuras que hicimos juntos para conservar nuestro matrimonio y que las palabras "hasta que la muerte los separe" se hagan una realidad en nuestras vidas.

MATRIMONIO
DE 24 HORAS
Para matrimonios felices o en crisis

www.salvadormolina.com